Dokumente

Marshall Kilduff / Ron Javers

DER SELBSTMORD-KULT

Die Hintergrundgeschichte
der ›Volkstempel‹-Sekte
und das Massaker von Guayana

Deutsche
Erstveröffentlichung

Wilhelm Goldmann Verlag

Titel der amerikanischen Originalausgabe: The Suicide Cult
Originalverlag: Bantam Books, Inc., New York
Aus dem Amerikanischen übertragen von Tony Westermayr

1. Auflage 1.–20. Tausend

Made in Germany · 1/79

Umschlagentwurf: Creativ Shop A. + A. Bachmann, München
Satz und Druck: Presse-Druck Augsburg
Verlagsnummer: 3837
Lektor: Hans-Ulrich Göhler
Herstellung: Lothar Hofmann
ISBN 3-442-03837-5

Inhalt

Widmung

Dieses Buch ist Dr. med. Ed Jones, Dr. med. Jim Perry und allen Angestellten und Technikern am Malcolm Grow Medical Center der Luftwaffe, Andrews Air Force Base/Maryland, und vor allem meiner Frau Eileen gewidmet, die immer auf meiner Seite war.

Ron Javers

Unser Dank gilt auch den wenigen Journalisten, die schon früh erkannten, daß mit dem »Volkstempel« auf schreckliche Weise etwas nicht in Ordnung war. Dazu gehören Rosalie Muller Wright, leitende Redakteurin von *New West*, Phil Tracy, Redaktionsmitglied derselben Zeitschrift, und Reporter Tim Reiterman vom *San Francisco Examiner*.

Mit besonderer Achtung gedenken wir unseres Freundes und Kollegen Greg Robinson, der bei seinen Recherchen getötet wurde, und Bob Browns und Don Harris' von der Sendegesellschaft NBC, die beim Angriff auf den Flugplatz bei Jonestown ebenfalls ihr Leben verloren.

Der einzige Trost in dieser ganzen Geschichte ist, daß wir recht hatten, diese teuflische Geschichte zu verfolgen und aufzudecken.

Marshall Kilduff

Worte des Dankes

Dieser Band ist das Werk eines Sonderteams des *San Francisco Chronicle,* das beauftragt war, eine für die Zeitung geschriebene Arbeit in Buchform vorzulegen. Die Verfasser sind Ron Javers, der dabei war, als das grausige Geschehen in Guayana ablief, und der den Urwald-Flugplatz mit einer Kugel in der Schulter verließ, und Marshall Kilduff, der die Geschichte der »Volkstempel«-Sekte zwei Jahre lang in Kalifornien gründlich erforscht hat. Die zusammenfassende Schlußbetrachtung stammt von Herb Caen.

Geleitet wurde das Sonderteam des *Chronicle* von William German und David Perlman. Ferner gehörten auch Michael Harris, Eric Douglas, Keith Power, Eugene Robinson, Jerry Burns, Charles Petit, Sally Kibbee, Marilyn Wheeler, Patricia Scruggs, Helen Green und Kate Regan der Gruppe an.

Der Erfolg ihres Unternehmens beruht zum großen Teil auf der täglichen Arbeit der gesamten *Chronicle*-Redaktion bei der Berichterstattung über diese furchtbaren Ereignisse – Ereignisse, die ihren Ursprung mitten in unserem Amerika haben.

25. November 1978

Richard T. Thieriot
Chefredakteur und Herausgeber

Vorwort

Die Toten sind gezählt.

Die endgültige Zahl der Opfer beträgt 912 Ermordete in Jonestown, fünf Tote auf dem Flugplatz von Port Kaituma und vier im »Volkstempel« von Georgetown – neunhunderteinundzwanzig Tote insgesamt.

Inzwischen sind sie begraben; aber das Rätsel ihres Sterbens darf uns nicht zur Ruhe kommen lassen.

Bohrende Fragen suchen uns heim: Werden wir je die ganze Wahrheit über Pfarrer Jim Jones erfahren? Über den »Tempel des Volkes«? Über diese entsetzlichen Morde und Selbstmorde in Guayana?

Wir werden uns auf Jahre hinaus Gedanken machen über den Einfluß, den Jim Jones auf seine Anhänger hatte; über die seltsame Macht, die er auf seine Umgebung ausübte; über die ehrlichen, überlegt handelnden und engagierten Männer und Frauen, die auf die eine oder andere Weise seinen Reden erlagen und behaupteten, seine Sicht der Gesellschaft sei richtig.

Wir können über den Augenblick, als Jones' Macht ihren Höhepunkt erreichte, als seine Anhänger sich so bereitwillig anstellten, um aus dem Giftbottich zu trinken, der wie ein groteskes Weihwasserbecken in der Lichtung eines südamerikanischen Urwalds stand, nur Vermutungen anstellen.

Wir wissen jetzt, daß Jones seinen Anhängern wieder und wieder befohlen hatte, den Selbstmord zu proben – damit alle bereit wären zu sterben, sobald die Gegner aus der »faschistischen Welt«, die Jones so fürchtete, eines Tages versuchen sollten, ihre Kolonie zu vernichten. Aber wie konnte ein so grauenhafter Wahn von so vielen Menschen geteilt werden?

Eine Antwort auf diese Frage ist in einem Brief angedeutet, den man einen Tag nach seinem Tod bei Jones' Leiche fand. Ein Anhänger, der offenkundig den Selbstmordbefehl akzeptiert hatte, schreibt:

Dad: Ich sehe keinen Ausweg – ich stimme Deiner Entscheidung zu – ich fürchte nur, daß ohne Dich die Welt den Kommunismus nicht erreichen wird.

Was mich betrifft – ich habe diesen armseligen, unbarmherzigen Planeten und die Hölle, die er für so viele wunderbare Menschen darstellt, mehr als satt – danke für das einzige Leben, das ich gekannt habe.

Die Anrede »Dad« war unter Jones' Anhängern weit verbreitet. Manche nannten ihn »Dad«, manche »Vater«.

Und Jones selbst: Was für ein Mensch war er? Welches Charisma umgab diesen bisweilen so schüchternen und bisweilen so charmanten Mann? Was war mit seinem absonderlichen Sexualleben? War seine Frau Marceline, die in seiner unmittelbaren Nähe starb, sein ein und alles? Oder hing er mehr an seinen Kindern? Oder an seiner Geliebten Maria Katsaris, die in seinem Bett durch eine Pistolenkugel starb? Was war mit seinen vielen anderen Geliebten? Mit den Männern, die er liebte und dennoch sexuell mißbrauchte? Und wie starb Jones selbst? In der Nähe der Schußwunde an seiner Schläfe lag keine Waffe – wo war sie, und wer hat sie abgefeuert? Larry Layton wird des Mordes beschuldigt, aber man bezichtigt ihn nicht des Mordes an Jones oder Maria Katsaris. Die Brüder Carter – Tim und Mike – sowie Michael Prokes, der ehemalige Fernsehreporter, gehörten zu Jones' Leibgarde; sie wurden, als sie aus dem Urwald auftauchten, von der guayanischen Polizei festgenommen, doch sofort wieder freigelassen, ohne daß sie unter Anklage gestellt worden wären. Warum?

Jim Jones mit der für ihn typischen Sonnenbrille *(dpa)*

Und was ist mit dem Paket, das Prokes und die Carters aus Jonestown mitgenommen haben sollen, mit seinem schweren Inhalt von über einer Million Dollar in bar und in Gold? Jones habe sie angewiesen, das Paket der sowjetischen Botschaft in Georgetown zu überbringen, behaupteten sie; aber sie wollen es in der Nähe eines Hühnergeheges im Urwald fortgeworfen haben. Es sei zu schwer gewesen, um es durch den sumpfigen Urwald zu tragen, erklärten sie. Doch wem gehörte das Geld? Und wo befindet es sich jetzt?

Da ist weiter das Rätsel von Jones' merkwürdigen Beziehungen zur Regierung von Guyana. War es nur eine wechselseitige politische Affinität, die sie miteinander verband? Oder war es, wie Keith Power vom *Chronicle* nach dem Massaker berichtete, ein Pakt auf Gegenseitigkeit: Bezahlte Jones zwei Mill. Dollar in bar an die herrschende Partei Guayanas und erhielt er dafür 27 000 Morgen fruchtbares Urwaldgelände sowie das Versprechen, sich politisch nicht in die Aktivitäten der abgeschiedenen Sekte einzumischen? Und wie gelang es Jones und seinen engsten Vertrauten, eine Reihe schneller Boote am Zoll von Guayana vorbei zu verschiedenen Inseln in der Karibik zu dirigieren, mit Gold und Diamanten an Bord? Warum wurden diese Boote nie angehalten und durchsucht? Hat Jones seinen Anhängern wirklich, wie manche Überlebenden behaupten, erklärt, sie müßten eines Tages vielleicht samt und sonders in die Sowjetunion auswandern – in das »Paradies auf Erden«, wie Jones Rußland nannte?

Da ist schließlich das verdächtig gute Einvernehmen, das zwischen Jonestown und der amerikanischen Botschaft in Georgetown bestand. Etliche Botschaftsangehörige flogen wiederholt in die Siedlung, um Schecks der Sozialversicherung und andere offizielle Papiere zu überbringen. Jedesmal unterrichteten sie Jones Tage zuvor von ihren Absichten.

Hat kein Bewohner von Jonestown, dort wider seinen Willen festgehalten, je versucht, sich mit einem zu Besuch weilenden amerikanischen Beamten in Verbindung zu setzen, um seine Freilassung unter sicherem Geleit zu erbitten? Waren alle einer so gründlichen Gehirnwäsche unterzogen worden, oder waren sie so eingeschüchtert, daß niemand die Ansicht des Außenministeriums zu ändern vermochte, in Jonestown herrsche eitel Frieden und Glück?

Die Geschichte des Sterbens in Guayana mag vorbei, die Gewalt erstickt sein. Aber die Fragen sind geblieben.

Das Ende des grauenvollen Geschehens ist der Anfang für die Bemühungen, die ungeklärten Rätsel zu lösen. Noch während in Kalifornien die Toten begraben werden, ist das FBI bereits an der Arbeit. Man nimmt Fingerabdrücke ab und analysiert den Brief, der bei Jones gefunden wurde. Kongreßausschüsse bereiten Anhörungen vor. Das Außenministerium hat eine Untersuchung eingeleitet. Selbst die politischen Oppositionsparteien Guayanas stellen ihre lärmenden, herausforderenden Fragen, rufen »Schande!« und »Vertuschung!«

1

Port Kaituma, Guayana
18. November 1978

Es spielte sich alles in rasender Schnelle ab.

Wir standen am Rand der Graspiste des Urwaldflugplatzes bei Port Kaituma, um unser kleines Flugzeug zu besteigen. Ich sah die Schußwaffen. Es krachte, und ein Geschoß schlug in meine linke Schulter. Ich stürzte zu Boden.

Drei Männer kamen auf uns zu.

Ich konnte sehen, daß Don Harris von der NBC getroffen war. Bob Brown, der Kameramann von der NBC, versuchte auf den Beinen zu bleiben und weiterzufilmen, obwohl die Schützen näher und näher rückten. Ruhig, leidenschaftslos, brutal, zerschossen sie den menschlichen Zielscheiben die Köpfe. Bob Browns Gehirn spritzte über seine blaue NBC-Minikamera. Was mit Leo Ryan, dem Kongreßabgeordneten, geschah, sah ich nicht.

Ich traf blitzschnell meine Entscheidung: Ich sprang auf und rannte so schnell, wie ich nur je in meinem Leben gelaufen war, über die Piste in den Urwald. Ich erinnere mich, gedacht zu haben, daß ich im Zickzack laufen müsse, damit ich im kurzen Gras kein allzu leicht zu treffendes Ziel abgäbe. Aber ich erinnere mich auch, gedacht zu haben: Nein, dann bist du zu langsam. Lauf geradeaus. Ich stürzte in den Urwald, riß mir Hände und Arme auf, die Brille flog mir vom Gesicht, und ich verlor meine Kamera. Ich war überzeugt, daß die Männer mir würden folgen können.

Keuchend zwängte ich mich fünfzig Meter weit in das Dik-

Ron Javers

kicht. Dann blieb ich stehen. Ich stand bis zu den Hüften im Sumpf. Es ist Zeit, Bilanz zu ziehen, sagte ich mir.

Ich zog mein Taschentuch heraus und preßte es gegen meine linke Schulter, wo ich getroffen worden war. Mein khakifarbenes Hemd war schon ganz blutdurchtränkt.

Sorgfältig schnürte ich meine Schuhe zu, deren Schnürsenkel sich im dicken Schlamm gelöst hatten. Auf irgendeine Weise faßte ich mich. In einer Stunde würde die Nacht hereinbrechen, und ich würde nie davonkommen, wenn ich noch tiefer in den Sumpf eindränge. Ich beschloß, parallel zur Landepiste weiterzugehen, damit ich die Orientierung nicht verlor. Ich kämpfte mich durch den Sumpf, bis ich von der Stelle, wo wir überfallen worden waren, ungefähr dreihundert Meter entfernt war.

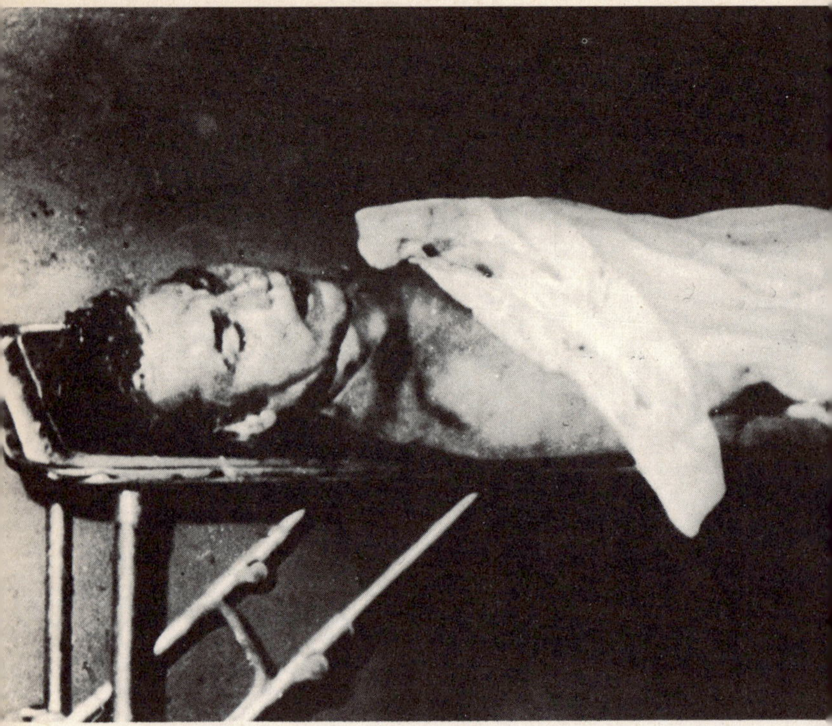

Die Leiche des ermordeten Kongreßabgeordneten Leo Ryan
nach der Autopsie in Georgetown *(dpa)*

Ich schob mich in das hohe Gras am Rand der Piste. Und vorsichtig, unglaublich vorsichtig, spähte ich durch das Gras auf das Flugzeug.

Der Kongreßabgeordnete Ryan lag im Schlamm vor dem rechten Rad der Maschine.

Sein Gesicht war weggeschossen.

Don Harris lag etwa in der Mitte vor der Maschine.

Bob Browns Leiche lag am Heck.

Patricia Parks, die Tochter der Frau, die Jones zum Trotz darauf bestanden hatte mitzufliegen, lag am Fuß der Treppe, die ins Flugzeug führte.

Greg Robinson, der hochbegabte Fotoreporter des *San Francisco Examiner,* der zu unserer Gruppe gehört hatte, lag zusammengekrümmt am linken Rad des Fahrwerks.

Was in Jonestown vorging, konnte niemand sagen. Lange vor unserem Eintreffen hatten wir von geplanten Massenselbstmorden munkeln hören, wenn Jones jemals vor einem Problem stehen sollte, mit dem er nicht fertig wurde.

Die Gerüchte erschienen nicht mehr so unwirklich . . .

Ron Javers

2

Die »Volkstempel«-Bewegung
San Francisco Januar 1977

Über eine Treppe erreicht man das schwarze Eisengitter. Ein junger Mann hält hinter dem Tor Wache. In seinem Rücken befindet sich eine zweite Tür. Sie ist aus Holz und mit Schloß, Spion und Kabeln einer Alarmanlage ausgestattet.

Nachdem man mich eingelassen hat, werde ich höflich von Mitgliedern des »Tempels« begrüßt.

»Wir freuen uns, daß wir diesen Besuch für Sie arrangieren durften«, sagen sie.

»Die Schlösser, die Tore, die Wachen, das ist alles irgendwie sehr ägerlich«, fügen sie hinzu. »Aber sehen Sie, Jim wird mit Drohungen überschüttet. Sie sollten bloß einmal die Briefe sehen, die wir von radikalen Nazis bekommen. Außerdem werden wir ständig mit Brandstiftungen verfolgt. Alles, was wir tun, alles, was Jim sagt oder schreibt, stört die gefährlichen Gegner aus ihren Löchern auf«, behaupten sie.

Die Eingangshalle ist mit Sofas ausgestattet, die mit imitierten Leopardenfellen bezogen sind, mit Rauchglasspiegeln und Topfpalmen. Die Wände sind weiß verputzt und makellos rein. In Glasvitrinen sind Zeugnisse politischer Erfolge ausgestellt – von der Kreisverwaltung San Francisco County, vom Abgeordnetenhaus des Bundesstaats, von der NAACP*.

Ein schneller Rundgang wird absolviert. Der »Tempel«

* National Association for the Advancement of Colored People = Nationale Vereinigung zur Förderung Farbiger.

macht den Eindruck, als wäre hier das geschäftige Zentrum menschlicher Selbsthilfe und Wohltätigkeit. Durch einen Korridor kommt man zu einem Hallenbad und einer Kinderpflegestätte. An das Auditorium schließt sich ein Ton- und Bildstudio an, in dem Woche für Woche die Radio- und Fernsehsendungen des »Tempels« produziert werden. Es gibt einen Therapieraum und eine Amateurfunkerstation, um die südamerikanische Mission in einem Dorf namens Jonestown zu erreichen; es gibt Buchhaltung, Druckerei und Schreinerei; es gibt eine juristische Abteilung und in den oberen Etagen zahllose Räume für Beratung und provisorische Unterkünfte.

Jim Jones, seine Frau Marceline und ihre Kinder – sieben adoptierte, ein leibliches – wohnen irgendwo in den oberen Stockwerken des »Tempels«, aber unsere Führer berufen sich erneut auf Drohungen und Brandstiftungen und meiden diesen Bereich.

Man zeigt uns, worin die guten Taten des »Tempels« bestehen: einen Teenager, der seinen Heroinrausch ausschläft, eine ältere Frau, deren Krankheit geheilt wurde, einen Mann mit krankem Knie, der eine spezielle Behandlung erhält.

Der Rundgang endet so rechtzeitig, daß ich am sonntäglichen Gottesdienst teilnehmen kann. Haupthalle und Galerie sind diesmal mit 1500 bis 2000 Leuten vollgestopft. Drei Viertel der Menschen sind ältere Farbige; aber auf der Galerie drängen sich die Jugendlichen. Ich darf vorn Platz nehmen, ringsum von Jones' Helfern eingeschlossen.

Die Vorführung beginnt mit den Soulsteppers, einem halben Dutzend halbwüchsiger Tänzer. »Zwei von ihnen waren Mitglieder einer Straßenbande in Los Angeles, bevor sie sich dem ›Tempel‹ anschlossen«, erklärt einer von Jones' Anhängern.

Als nächstes tritt eine Gesangsgruppe auf. Der Liedtext lautet:

Leute, seid bereit,
Die Omnibusse kommen.
Fahrkarten braucht ihr nicht.
Ihr könnt Jim Jones danken.

»Der Solosänger war früher drogensüchtig«, flüstert mir ein »Tempel«-Mitglied zu.

Dann tritt Jones auf. Er ist mittleren Alters, mittelgroß, mit Speck an den Hüften. Er hat ein gutes Gesicht, mit einem kantigen Kinn. Wie üblich trägt er eine Brille mit getönten Gläsern, und sein glänzend schwarzes Haar ist sorgfältig gekämmt.

Jones beginnt mit seiner Predigt, die aus einer lockeren Folge von Fragen und Antworten besteht. Gehilfen laufen in den Zwischengängen hin und her und bringen Mikrofone zu denen, die sprechen wollen.

Ein Mann fragt: »Was für ein Mensch war Jesus?«

»Er hat die Wucherer aus dem Tempel vertrieben.«

»Was bedeutet Ihnen Gott?«

»Sorge um jeden.«

Dann die letzte Frage. Ein älterer Weißer fragt nach »der Selektivität des Heilungsprozesses«.

»Was ist Ihr persönliches Problem?« fragt Jones.

Ein Rückenleiden, das ihn seit Jahren beschwere, erwidert der Mann.

Jones spricht von psychosomatischen Krankheiten, von der Notwendigkeit zu glauben, und dann zeigt er auf eine Frau in der ersten Reihe.

»Jede Drüse ihres Körpers war krebsverseucht. Die Ärzte gaben jede Hoffnung auf. Aber seht sie euch jetzt an.« Die Frau, eine Weiße um die sechzig, hebt die Arme und tanzt hüpfend im Kreis.

Mehrere ältere Leute heben die Hände, als Jones auf sie zeigt. Er beschreibt ihre Leiden, und wie jeder einzelne sich auf

Marshall Kilduff

wundersame Weise erholt habe. Krebs, Arthritis und schwere Verletzungen bei Autounfällen, alles sei völlig wieder verschwunden, verkündet Jones.

Schließlich schickt er, während die Zuschauer mit den Köpfen nicken und auf den Stühlen hin und her rutschen, die erste Frau nach hinten, wo noch immer der Fragesteller steht.

»Umarme ihn, zeig ihm die göttliche Liebe«, ruft Jones.

Sie läuft den Gang hinauf und schlingt die Arme um den Fremden. Die zwei tanzen kurz, während die Zuschauer zusehen und miteinander murmeln. Plötzlich reißt der alte Mann die Arme hoch. »Sie sind fort! Die Schmerzen sind fort! Danke, Jim! Ich bin wieder ganz gesund!«

Marshall Kilduff

Diese beiden Berichte liegen keine zwei Jahre auseinander. Früh schon gab es Hinweise auf unterschwellige Wahnideen, die im »Tempel des Volkes« virulent waren; die Ereignisse um den 18. November brachten den endgültigen Beweis dafür.

Wer war dieser Mensch Jones, der seine Anhänger in den Selbstmord trieb? Was für Menschen waren die, die ihm folgten? Warum nahm es der Kongreßabgeordnete Ryan auf sich, der Sache nachzugehen?

3

Der Anfang

James Warren Jones wurde vor 47 Jahren, am 13. Mai 1931, geboren. Er war das einzige Kind einer armen Familie, die sich in dem kleinen Bauerndorf Lynn im Bundesstaat Indiana mühsam durchbrachte.

Lynn, in der Nähe der Grenze zu Ohio gelegen, war wie die meisten Orte in Indiana entstanden: an einer Eisenbahnlinie, die das Farmland mit dem industriellen Herzen des Mittelwestens verknüpfte. Außerdem kreuzten sich hier zwei große Fernstraßen: der Highway Nr. 36, der von Ost nach West verläuft, und die US 27, von Nord nach Süd.

Das Haus der Jones' stand am Westrand des Ortes, an der Staatsstraße 36, gleich hinter den Eisenbahnschienen. Östlich davon lag der Stadtkern, mit einer Bank, ein paar Geschäften, einem Restaurant und der Schule. Nach allen anderen Himmelsrichtungen erstreckte sich ebenes, weites Land, Meile um Meile mit Mais und Weizen bestellt. Es bot wenig Abwechslung für einen halbwegs begabten Jungen mit nur wenigen Freunden und viel freier Zeit.

Jim Jones' Kindheit war von Einsamkeit überschattet. Sein Vater, James Jones, mit einem schweren Lungenleiden aus dem Ersten Weltkrieg heimgekehrt, konnte nicht mehr arbeiten. Er lebte von einer schmalen Kriegsversehrtenrente und hielt sich vorwiegend im Haus auf. Sein schlechter Gesundheitszustand wirkte sich auf die Beziehungen zu seinem Sohn aus – Jim verbrachte den größten Teil seiner Jugend ohne Vater.

Der Ku-Klux-Klan, dem James Jones angehörte, hatte im

Ort zahlreiche Anhänger. Jones senior traf sich etwa einmal in der Woche mit den Vätern vieler anderer Kinder von Lynn auf freiem Felde östlich der Stadt. Sie hüllten sich in weiße Laken, trugen weiße Kapuzen und predigten Haß gegen die Schwarzen.

Ein ehemaliger Nachbar von Jones, George Southworth, erzählt, daß er in den zwanzig Jahren, die er in Lynn verbrachte, im Ort nur einen einzigen Farbigen gesehen habe. »Es herrschte das ungeschriebene Gesetz, daß Schwarze in Lynn es besser vermieden, die Sonne untergehen zu sehen.«

Jones' Mutter Lynetta stammte nicht aus Lynn, sondern aus einer kleinen Siedlung am Ufer des Wabash-Flusses, der das westliche Indiana durchzieht. Viel jünger als ihr Mann, zwang seine Krankheit sie dazu, arbeiten zu gehen, um ihre Familie zu ernähren. Sie war in einer Fabrik beschäftigt und verrichtete zudem Gelegenheitsarbeiten bei Leuten in der Stadt. Die Familie kam zwar durch, aber ihr Einkommen lag weit unter dem Durchschnitt.

Vielen Leuten in der Stadt kam Lynetta Jones etwas seltsam vor. »Sie zog sich sonderbar an«, erklärt Doris Spencer, die mit der Familie bekannt war und deren Tochter mit Jim zur Schule ging. »Sie war keineswegs so freundlich-heiter wie wir anderen. Selbst im Sommer trug sie dunkle Kleidung, und sie blieb meist für sich.«

Jones behauptete später, seine Mutter sei Indianerin gewesen, eine Irokesin. Die Geburtsurkunden sind zwar verlorengegangen, aber Mrs. Jones' Schwägerin Barbara Shaffer bestreitet diese Behauptung. »Sie war nicht anders als alle anderen«, erklärt sie. »Sie hatte eine dunkle Hauttönung, das war alles.«

Da sein Vater praktisch invalid war und seine Mutter zur Arbeit ging, wuchs der junge Jim Jones kaum unter elterlicher Aufsicht auf. »Er ist ein Straßenkind gewesen«, meint Bill Morris, ein anderer Klassenkamerad. Aber Jim war kein Junge, der in Schwierigkeiten geriet.

Schon früh zeigte er Interesse an der Kirche – ein Interesse, das Lynn, das damals über sechs Kirchen verfügte, wachzuhalten verstand.

»Wir spielten Kirche, und er war der Prediger. Er stand auf und begann zu predigen«, erinnert sich Vera Price, die heute noch in Lynn lebt. Jones konnte sich unter den örtlichen Glaubensbekenntnissen das Passende aussuchen. »Er durfte in jede Kirche gehen und besuchte sie alle«, erinnert sich ein Nachbar lachend. »Wenn er sich auf den Weg zur Sonntagsschule machte, wußte man nie, wo er eigentlich hinging.«

Jones' frühe religiöse Erziehung wurde stark von Mrs. Orville Kennedy beeinflußt, die in derselben Straße wie die Familie Jones wohnte. Mrs. Kennedy nahm Jim unter ihre Fittiche und machte ihn mit der Sekte der »Nazarener« bekannt.

Dreißig Jahre danach zollte Jim Jones Mrs. Kennedy besonderen Tribut, indem er drei seiner Gemeinden zu ihr zu Besuch brachte. Zwölf volle Omnibusse, insgesamt 600 Menschen oder fast die Hälfte der Einwohnerschaft Lynns, hielten im Juni 1976 auf der Hauptstraße der Stadt. Aber als Jones ausstieg und seine »zweite Mutter«, wie er sie nannte, drei Stunden lang besuchte, blieben die Gemeindeglieder in den Bussen sitzen.

Trotz seiner religiösen Neigungen war Jones im Grunde jedoch ein Einzelgänger. Er war sehr wechselhaft und schloß sich immer wieder einer neuen Kirche an, trat aber ebenso schnell wieder aus. Eine Zeitlang schloß er sich der »Pfingstkirche« an, geführt von den Holy Rollers, wo die Gemeinde in Zungen sprach und die ganze Nacht brüllte und schrie. Er stellte eine Mädchen-Softball-Mannschaft auf, nahm aber am Sport selbst nie teil, obwohl sein schlanker, kräftiger Körper es ihm erlaubt hätte. Klassenkamerad Bill Morris drückt es so aus: »Wenn Jim nicht der Anführer sein konnte, machte er nicht mit.« Die Entschlossenheit, stets und überall die Führerrolle zu übernehmen, muß zu den Zügen gehören, die Jones von seiner Mutter geerbt hat. Lynetta Jones war dafür bekannt, daß sie ihre Umgebung gern provozierte. Eines Tages schlenderte sie die Hauptstraße von Lynn entlang und rauchte eine Zigarette. Die Einwohner waren außer sich – es war das erstemal, daß so etwas in der Stadt vorkam.

Der junge Jones neigte ebenfalls zum Jähzorn. Wenn es im Unterricht nicht nach seinen Vorstellungen lief, wurde er zornig. Eine Lehrerin drückt es so aus: »Wenn Jim etwas gegen den Strich ging, wurde er ganz halsstarrig.«

Bill Townshend, in der Schule Jones um zwei Jahre voraus, erinnert sich: »Einmal wollte Jim, der stets irgend etwas auf die Beine stellte, ein Fest veranstalten und setzte Preise für verschiedene Leistungen aus. Einer der Preise war auch für Gewichtheben bestimmt. Ich hob die Gewichte, wie es sich gehört, aber Jim sagte, ich hätte es nicht richtig gemacht. Ich ließ die Hanteln einfach fallen, und wir stritten und rauften uns, bis Jims Vater dazwischentrat und dem ganzen Fest ein Ende machte.«

Wie seine Mutter, verfügte der junge Jim über ein reichhaltiges Schimpfwortrepertoire. Ein Nachbar entsinnt sich, daß Jim, als er sechs Jahre alt war, an seinem Haus vorbeiging und Kraftworte brüllte. »Guten Morgen, du Saukerl«, lautete Jims Gruß, worauf die älteren Jungen ihn die Straße hinaufhetzten.

Aber außer, daß Jim die Gossensprache beherrschte und von störrischem Temperament war, hatte er auch etwas von einem Menschenfreund an sich. Eines Tages tauchte in Lynn ein abgerissener Fremder auf und erzählte jedem, der es hören wollte, seine Leidensgeschichte.

»Ich habe auf der ganzen Welt keinen Freund. Ich bin soweit, daß ich aufgeben will«, erklärte der Fremde gerade, als Jones vorbeikam.

»Was meinen Sie damit, Mister?« erwiderte der Junge. »Gott

ist Ihr Freund, und ich bin Ihr Freund. Und meine Mama wird Ihnen helfen, Arbeit zu bekommen.«

»Mama« tat genau das. Lynetta Jones beschaffte dem Fremden eine Anstellung in der Fabrik, in der sie arbeitete.

Jim Jones war nur ein mäßiger Schüler. Aber offensichtlich besaß er eine überdurchschnittliche Intelligenz. In den Schulunterlagen wird sein Intelligenzquotient mit 115–120 bewertet. »Er besaß eine erstaunliche Fähigkeit, so zu tun, als schliefe er im Unterricht«, erinnert sich ein Schulkamerad, »um dann zur Tafel zu gehen und eine Geometrieaufgabe zu lösen, als wäre überhaupt nichts dabei.« Manchmal schien es nicht nur so, als schliefe Jones im Unterricht. Wegen der häuslichen Armut arbeitete Jones nachts im Reid-Memorial-Hospital in Richmond, fünfzehn Meilen von Lynn entfernt. Oft kam er direkt von der Arbeit zum Unterricht und trug noch seine weiße Hose aus dem Krankenhaus.

Seine Lateinlehrerin, Violet Myers, gibt an, Jim sei ganz anders als die übrigen vierunddreißig Kinder seiner Klasse gewesen. »Fast jeder Junge hatte eine Freundin, aber Jim interessierte sich nur für Religion. Er pflegte in der Nähe der Schule Kirchentreffen zu veranstalten.« Er entschied sich für Latein, weil er vorhatte, das College zu besuchen; aber zu diesem Zeitpunkt wußte Jones nicht, welches College er besuchen sollte.

Während dieses Oberschuljahres festigte sich in Jim Jones das Gefühl, daß Lynn für seine beachtlichen Fähigkeiten zu klein sei. Der geistliche Beruf lockte ihn, und Jones begann sich für die Rassengleichheit einzusetzen – in Lynn eine nicht gerade weit verbreitete Einstellung. Robert Shumaker, Rektor der Oberschule in Lynn, umschreibt das so: »Die Menschen in Lynn stemmen sich gegen jede Veränderung. Sie geraten in helle Aufregung, sobald sich am Status quo irgend etwas ändert.« Jones vertraute Freunden an, daß er Lynn für »rassistisch« halte. Er sagte, sein Vater sei ein typischer Ku-Klux-Klan-Mann, und er,

Jim, habe bis zu seinem zwölften Lebensjahr nie einen Neger gesehen. Jim hielt sich selbst für einen Mann des Volkes, für einen Vertreter der Armen und Erniedrigten.

1947 verließ Jones die Schule von Lynn nach dem zweiten Schuljahr, um im folgenden Herbst die Oberschule in Richmond, einer größeren Stadt südlich von Lynn, zu besuchen. Dort verstärkte sich sein religiöser Fanatismus noch, und er begann ernsthaft von einer Laufbahn als Geistlicher zu sprechen. 1949 schloß er die Schule ab, noch immer mit Durchschnittsnoten, und immatrikulierte sich an der Indiana University in Bloomington.

Kenneth E. Lemons, Jones' erster Zimmerkollege an der Universität, meint, Jones sei während ihrer gemeinsamen Zeit »unangepaßt und unbeachtet« gewesen. »Das gehört zu einem Teil meines Lebens, den ich lieber vergesse«, erklärt er.

Jones glaubte von sich, er stünde über allen anderen. Er versenkte sich in die Bibel und ließ sich oft weitschweifig über seine religiösen Anschauungen aus. »Ich habe dem Burschen von Grund auf mißtraut«, fügt Lemons hinzu. »Niemand konnte ihn recht leiden. Aber seine Kommilitonen zogen ihn nicht auf, sie ließen ihn einfach links liegen. Wir konnten nicht anders.«

Aus dieser Zeit ist wenig über Jones bekannt. Er behielt seine Hoffnungen und Wünsche im Hinblick auf den geistlichen Beruf für sich. Aber nach kurzer Zeit fühlte er sich an der Universität nicht mehr wohl, schied aus und kehrte nach Lynn zurück.

Jones fand einen kleinen Posten als Pfleger im Reid-Memorial-Hospital. Innerhalb eines Jahres lernte er Marceline Baldwin kennen, die die Schwesternschule des Krankenhauses absolviert hatte. Vor Marceline hatte Jones kaum eine Freundin gehabt. Sehr schlank und hübsch, fühlte Marceline sich von Jones' Intensität und seinem guten Aussehen sofort angezogen. Sie heirateten 1949. Marceline war 22, vier Jahre älter als ihr Mann.

Lemons, der mit Jones weiterhin in Verbindung blieb, obwohl sie nicht mehr zusammen wohnten, sagte, Marceline sei für Jones eine »Mutterfigur« gewesen. »Er rief sie jeden Tag während der Arbeit an.«

Bis dahin hatte Jones es vermieden, sich einer bestimmten Kirche anzuschließen. Am meisten hatten ihn die Methodisten angezogen. Aber nach seiner Heirat erlahmte sein Eifer.

»Er sagte mir, in der Methodistenkirche gebe es keine Liebe, und das habe ihn bewogen, seine eigene Kirche zu gründen«, erinnert sich ein ehemaliger geistlicher Kollege.

Jones zog 1950 mit Marceline nach Indianapolis und wurde, obwohl noch immer nicht geweiht, Pastor an der Sommerset-Southside-Kirche. Außerdem übernahm und leitete er ein integriertes Gemeinschaftszentrum. Auf diese Weise verwirklichte er zum erstenmal seine beiden Ideale von Religion und Rassenbrüderschaft.

In der hartgesottenen Industriearbeiterstadt, in der die Landeszentrale des Ku-Klux-Klan zu Hause gewesen war, stieß Jones allerdings auf mehr Schwierigkeiten, als er hätte erwarten dürfen. Er wurde während der Gottesdienste häufig ausgebuht, weil er höchst liberale Ansichten über die Bürgerrechte vertrat. Ältere Gemeindeglieder sprachen sich gegen den freimütigen Neuling aus, der sich, wegen seiner angeblich indianischen Mutter, »zweirassig« zu nennen begann.

Seine Gegner schlugen zurück, indem sie tote Katzen in die Kirche warfen oder manchmal die toten Tiere in die Kirchentoiletten stopften.

Während Jones an der kleinen Kirche tätig war, wohnte er in einer besseren Gegend von Indianapolis in der Nähe der Butler-Universität, wo er Vorlesungen über das Bildungswesen besuchte. Er sollte fast zehn Jahre brauchen, um seinen Bakkalaureus an der philosophischen Fakultät zu machen, und fast ebenso lange, bis er 1964 endlich zum Pfarrer der »Christlichen

Kirche« geweiht wurde, einem Zweig der »Jünger Christi« (Disciples of Christ).

Gestört von der anhaltenden Ablehnung durch seine Sommerset-Gemeinde, kündigte Jones Anfang der fünfziger Jahre, um wieder etwas Neues zu versuchen. Er hielt eigene Gottesdienste in einer Kirche ab, die er in einer anderen Gegend von Indianapolis mietete und anders benannte. Er nannte sie die »Gemeinschafts-Einheits-Kirche«.

Sein Ruf breitete sich aus, und Jones konnte Hilfspfarrer im nahen Laurel Street Tabernacle werden. Aber erneut stieß er mit den konservativen Laien und der Kirchenkommission zusammen, die sich seinen wiederholten Forderungen, Farbige in der Kirche willkommen zu heißen, widersetzten. Er schied aus, erneut frustriert, weil niemand seine Ansichten teilen wollte.

1953 war er wieder selbständig und arbeitete an seiner »Gemeinschafts-Einheits-Kirche«. Er versuchte mit großer Energie, Geld und Anhänger für seinen neuen Traum zu gewinnen: eine rassisch integrierte Gemeinde, die er führen konnte, ohne sich von kleinlich gesinnten Geistlichen aus Indiana und ihren konservativen Sonntagvormittags-Anhängern dreinreden lassen zu müssen.

Für Jones waren diese frühen Tage der Unabhängigkeit eine unbequeme Lehrzeit. Mit Fliege und in einem auffallend gestreiften Tweedsakko, verkaufte er Affen an der Haustür, zu je 29 Dollar das Tier, die er aus Südamerika und Asien importierte. Wenn die Frau oder der Mann des Hauses kein Tier kaufen wollten – dann hatten sie vielleicht Lust, eine neue, progressive Kirche zu besuchen, wie es noch keine gab?

Bis 1956 fand er genug neue Freunde und Geld, um seine Kirche, den »Tempel des Volkes«, in Indianapolis zu eröffnen, und zwar in einem Stadtteil, in dem Schwarze wie Weiße wohnten. Ein Jahr und ungezählte Affen später erwarb Jones für seine Gemeinde ein neues Zuhause in einer ehemaligen jüdischen Synagoge, in der North Delaware Street 975.

Seine Familie erweiterte sich um sieben Adoptivkinder; einem damaligen Sekten-Angehörigen zufolge »überredete Jones auch ziemlich viele andere Gemeindeglieder dazu, Kinder zu adoptieren«.

Jones' Adoptivkinder waren schwarz, weiß und von asiatischer Abkunft. Er wollte damit beweisen, wie sehr seine Anschauungen die Rassenintegration fördern konnten. In dieser Zeit nahmen seine Vorstellungen über den Aufbau und die Ordnung von Familie und Kirche ihre endgültige Gestalt an.

Die finanzielle Grundlage war damit geschaffen. Dennoch mühte sich Jones weiterhin damit ab, so auftreten zu lernen, daß er bei seinen schwarzen Anhängern ebensolchen Anklang fand wie bei den weißen Familien der Unterschicht, die in seinem Bezirk zurückgeblieben waren.

Er verreiste übers Wochenende, um berühmten Predigern zuzuhören. Besonders tiefen Eindruck machte ihm Father Divine, ein Prediger aus Philadelphia, der jedesmal eine große Show veranstaltete und seine ihn anbetenden Anhänger – viele davon ältere farbige Frauen – fest in der Hand hatte.

Jones orientierte sich an Divine und erklärte, der »Volkstempel« brauche einen sogenannten Befragungsausschuß. Die Ankündigung erfolgte beim sonntäglichen Gottesdienst, in dem seine sanfte Baritonstimme jetzt drei oder vier Stunden lang zu vernehmen war.

Für Jones' Anhänger war der Gedanke an einen Befragungsausschuß etwas Neues, etwas, das sie bei Jones niemals erwartet hätten. Aber für Jones war er die natürliche Folge seines Wunsches, seine Führerschaft zu festigen und sich mit einem treuen Kader von Anhängern zu umgeben, die die Gemeinde kontrollieren konnten.

Daß er diese Form der Disziplin, die sich auswuchs bis zu

Mißhandlungen und anderen Gewaltstrafen, für nötig hielt, hatte noch einen anderen Grund: Jones' eigene Persönlichkeit.

»Als Jones ein Junge war«, entsinnt sich ein Nachbar, »konnte er gut befehlen. Ich erinnere mich, sechzig, siebzig Meter von Jones' Haus entfernt gearbeitet zu haben. Er versammelte zehn Kinder um sich und ließ sie exerzieren ... Sie mußten sich aufstellen und marschieren. Er schlug mit einem Stock zu, und sie weinten und schrien. Ich sagte immer: ›Was ist mit den anderen Kindern los, daß sie sich das gefallen lassen?‹ Aber sie kamen am nächsten Tag wieder, um mit ihm zu spielen. Er besaß eine Art magnetischer Ausstrahlung. Zu meiner Frau sagte ich: ›Weißt du, entweder tut er einmal sehr viel Gutes, oder es wird ein Hitler aus ihm.‹«

Obwohl Jones betonte, daß er nur das Beste für jedermann im Auge habe, widersprach ihm ein Mitglied in Indianapolis, Thomas Dickson, aufs entschiedenste. Der Ausschuß sei »für Leute, die sich in der Kirche gegen Jones auflehnten«, erklärte Dickson. Jones habe angefangen, sich zu verändern, fand Dickson, und ein Ausschuß aus stets wachsamen Gemeindegliedern, die Jones sklavisch ergeben wären, sei ein beunruhigendes Zeichen.

»Die Leute würden vor diesem Befragungsausschuß erscheinen und sich Stunden und Stunden darüber befragen lassen müssen, warum sie gegen ihn seien, oder ob in der Kirche eine Verschwörung gegen ihn im Gange sei«, meinte Dickson.

»Er sagte stets, jedermann müsse ihn lieben, und wenn jemand es nicht tat, wurde er furchtbar heftig – nicht physisch, sondern mit Worten. Manchmal fluchte er. Er nahm die Bibel – er nannte sie ›das schwarze Buch‹ –, warf sie auf den Boden und sagte: ›Zu viele Leute blicken auf das hier statt auf mich.‹«

Enttäuscht von der sonderbaren Verwandlung eines Mannes, der mit schlichten, ernstgemeinten Ideen begonnen hatte, verließ Dickson die Kirche.

1959 wurde Jones von einer persönlichen Tragödie betroffen, als eines seiner Adoptivkinder bei einem Autounfall mit vier anderen »Tempel«-Mitgliedern auf der Straße von Cincinnati nach Indianapolis getötet wurde. Jones erklärte später, er sei wegen einer Todesahnung nicht in das Auto gestiegen; allerdings nahm er nie dazu Stellung, weshalb er die Gabe der Vorausschau nicht dazu benutzt hatte, sein Kind zu retten.

Trotz der von seinem ehemaligen Anhänger Dickson schon früh bemerkten absonderlichen Züge und seinem zunehmenden Anspruch auf Allwissenheit blieb Jones nach wie vor ein aggressiver, mutiger Führer, verzehrt vom Glauben an die Bürgerrechte. Lokale Zeitungsberichte lassen erkennen, daß Jones und seine Familie während der Anfänge der Bürgerrechtsbewegung häßlichen persönlichen Angriffen ausgesetzt waren. Seine Frau Marceline wurde bespuckt, als sie mit ihrem farbigen Adoptivsohn auf einen Omnibus wartete. Jones berichtete ferner, eine Gehirnerschütterung erlitten zu haben, als ein Kleinfarmer ihm an seiner Haustür eine Milchflasche auf den Kopf schlug. Seine Kinder, weiß, schwarz und asiatisch, wurden auf den Spielplätzen bedroht.

Jones erzählte von diesen Schwierigkeiten, als er krank in einer Klinik in Indianapolis lag und so lange jede medizinische Behandlung ablehnte, bis ein neu eingelieferter, schwer verletzter Farbiger versorgt war.

Seine bedrängte Lage erregte die Aufmerksamkeit von Kommunalpolitikern, die bestrebt waren, auf den nationalen Aufschrei über das lange unbeachtet gebliebene Problem des Rassenfanatismus zu reagieren. 1960 ernannte Bürgermeister Charles Boswell Jones zum Leiter der Menschenrechtskommission von Indianapolis, und Jones übernahm den mit siebentausend Dollar jährlich dotierten Posten gern. So in der Öffentlichkeit zu stehen, brachte für den jungen, umstrittenen Führer freilich auch Nachteile mit sich.

Eine Lokalzeitung veröffentlichte einen beunruhigenden Bericht über Jones' Situation, gestützt auf Fakten, die der Stab des Geistlichen selbst lieferte. Drei Monate lang bewürfen Befürworter der Rassentrennung sein Haus mit Steinen, riefen ihn an, schrien: »Nigger lover, verschwinde aus der Stadt«, und schleuderten Sprengstoff in seinen Hof.

Es gebe überdies noch eine besonders merkwürdige Aktivität, stellte die Zeitung fest, etwas, das Rassisten bis dahin noch nie unternommen hätten: »Manche gehen so weit, gegen die Farbigen gerichtete Briefe an prominente Vertreter der Rassenintegration zu schicken und mit Jones' Namen zu unterzeichnen.«

Jones verbrachte seine Zeit damit – und die Zeitungen verfolgten das mit Interesse –, ein solches Vorgehen anzuprangern und zu verurteilen. So wuchsen Jones' Ansehen und sein Bekanntheitsgrad. Im gleichen Maß breitete sich seine Gemeinde aus und schloß sich immer enger um ihren bedrängten Führer zusammen.

1963 nannte Jones' Kirche sich in »Volkstempel – Das ganze Evangelium-Kirche« um, ein Ableger der »Jünger Christi«. Die Kirche, die von sich behauptete, in der Woche mehr als tausend kostenlose Mahlzeiten zu verteilen, war indessen in finanziellen Schwierigkeiten und lief Gefahr, wegen einer Rechnung über 350 Dollar ihre Zuschüsse zu verlieren.

Geld war für Jones stets eine rätselhafte Sache. Obwohl er ständig betonte, daß er nicht gern Geld von seiner Gemeinde nehme, besaß er genug, um seine Reisen und die Werbung für sich selbst zu finanzieren. In der Anfangszeit arbeitete er unermüdlich für seine Kirche und ihre Spendenbeschaffungsaktionen. Er erweckte in seiner Umgebung die gleiche selbstlose Hingabe.

Aber dann erklärte Jones plötzlich mehreren Mitgliedern seiner Kirche, er habe eine »persönliche Vision« von einer unmittelbar bevorstehenden atomaren Katastrophe gehabt, die die Welt vergiften würde. Und zur gleichen Zeit, als diese beunruhigende

Vision Jones heimsuchte, bekam der junge Geistliche eine Ausgabe des Magazins *Esquire* in die Hand. Die Redaktion hatte sich des Luftschutzbunker-Fimmels angenommen, der damals grassierte, um eine satirisch gemeinte Geschichte über die »zehn sichersten Orte, an denen man sich bei einem atomaren Angriff aufhalten soll«, zu veröffentlichen. Dabei hatte sie Artikel mit allen möglichen wissenschaftlich klingenden Hinweisen auf klimatische Bedingungen, Windströmungen und Gebirgsketten untermauert.

Zwei von diesen Orten waren Belo Horizonte in Brasilien und Ukiah in Kalifornien, knapp 200 Kilometer nördlich von San Francisco. Jones beschloß, seine Familie nach Brasilien zu bringen, vorgeblich um neue Erfahrungen als Missionar zu sammeln. Bei dieser Reise durch Südamerika hielt sich Jones auch kurz in der kleinen, rückständigen Kronkolonie Britisch-Guayana auf (jetzt Guayana).

1963 begannen der »Tempel« und seine Busflotte ebenfalls auf Fahrt zu gehen. Sie bereisten den südlichen Mittleren Westen, um mit Hilfe solcher Erweckungszelt-Züge neue Angehörige zu gewinnen und um die Kunde von einer neuen Fähigkeit Jones' zu verbreiten: der Gabe des Gesundbetens.

Gesundbeten war der Schlüssel zu Father Divines hypnotisierenden Gottesdiensten in Philadelphia gewesen. Eine legendäre farbige Gestalt, betrat Divine 1932 als Gründer des weltweiten Reiches der Friedensbewegung die Bühne der Öffentlichkeit. Seine Gottesdienste waren ausgelassene, tumultartige Feste mit prächtig roten Teppichen und Kronen für Divine, der sich zum Gott des Universums ausrief. Alle Rassen strömten zusammen, um den kleinen, schwarzen Mann seine Botschaft von der allumfassenden Liebe und Unsterblichkeit predigen zu hören. Vor allem wurden die Massen von seinen Wunderheilungen angezogen: er gab vor, Tote aufzuerwecken und Wunden und Krankheiten zu heilen.

Jones übernahm Father Divines Gesundbeter-Stil, allerdings ohne dessen prunkvolles Beiwerk. Jones fiel einmal über jene Gesundbeter her, die »die wunderbaren Heilkräfte Gottes unrichtig anwenden«.

»Sie (die Gesundbeter) rufen nach dem Erscheinen Christi und wollen ihn in einem nagelneuen Lincoln Continental empfangen«, spottete Jones. »Sie bauen großartige, nutzlose Gebäude und verschwenden ihr Geld.«

Eine typische Gesundbeter-Sitzung in Jones' »Tempel« in Indianapolis zog mehrere hundert Personen an, alle begierig darauf, zu sehen, wie Jones Herzleiden, Arthritis deformans, Ohnmachtsanfälle, versteifte Gelenke und andere Leiden heilte.

Die Zusammenkünfte wurden begleitet von Freudenschreien, wenn Jones hilflosen Personen die Hand auflegte und sie sich in religiösem Taumel für geheilt erklärten. Andere Anhänger bezeugten neuen Mitgliedern gegenüber, wie Jones Herzkrankheiten geheilt, wunde Stellen beseitigt und vierzig Menschen von den Toten auferweckt habe.

Bei einem solchen Gottesdienst in Indianapolis rief Jones einmal einen Namen, und eine Frau stand auf und gab an, sie leide an Krebs. Sie ging nach vorn, wo Jones sie berührte, dann ging sie in der Kirche nach hinten zu einem Waschraum, wo man ihr sagte, sie werde »den Krebs aus ihren Eingeweiden ausscheiden«.

Während die Gemeinde sang, kehrte die Frau mit hochgereckten Armen zurück und rief: »Der Herr sei gelobt.« Ihr folgte einer von Jones' Vertrauten, der ein weißes Papiertuch mit einem schwärzlichen Klumpen trug – von Jones als eben der Krebs bezeichnet, den der Körper der Frau gerade ausgeschieden habe.

Es gab Voraustruppen von Kirchenhelfern, die Flugblätter verteilten, Plakate anschlugen und die Ankunft des »Propheten Gottes« oder des »Vaters« propagierten. Unter Großstadtbewohnern, die Jones zum erstenmal begegneten, spielte der Pfarrer dergleichen Bezeichnungen bescheiden herunter und erklärte, die Worte würden unüberlegt von übereifrigen Anhängern gebraucht.

Die Zeitungen griffen die Nachricht von Jones' neuen Künsten rasch auf. Reporter, die nicht mehr mit anhören konnten, wie Jones seine rassistischen Gegner verunglimpfte, begannen, ihn als marktschreierischen Gesundbeter zu verhöhnen, der leichtgläubige Arme und ältliche Witwen ausnehme, die sich Sorgen um ihre nachlassende Gesundheit machten.

Jones' gesundbeterische Aktivitäten in Indianapolis erweckten nach einiger Zeit das Interesse der staatlichen Kommission für psychologische Überprüfung (Board of Psychology Examiners). Während medizinische und polizeiliche Behörden sich außerstande fühlten, seine Behauptungen zu untersuchen, erklärte die Kommission 1971, eingreifen zu wollen.

Vor allem galt Jones' Behauptung, Krebs heilen zu können, als verdächtig.

Ein Arzt, der an einem von Jones' Gottesdiensten teilnahm, teilte der Kommission mit: »Was mich stört, ist, daß Menschen, die wirklich krank sind, sich einbilden könnten, sie wären geheilt, obwohl sich ihr Zustand vielleicht verschlimmert hat.«

Der Arzt, der wegen eines möglichen Konflikts mit der amerikanischen Ärzte-Vereinigung seinen Namen nicht nennen möchte, gab an, der »Krebs« scheine einfach eine Art weißen Stoffs in einem Plastikbeutel gewesen zu sein.

Als der Arzt fragte, ob ein fähiger Pathologe den »Krebs« untersuchen könne, erwiderte Jones, er habe »persönlich keine Einwände«, müsse sich aber den Wünschen seiner Kirchenleitung fügen, »nicht noch mehr Aufsehen in der Öffentlichkeit zu erregen«.

Jones gab vor, er befasse sich mit der ungewissen Welt »psychosomatischer Krankheiten«; aber seine Kritiker behaupteten, was er treibe, sei schlicht Schwindel, mit dem Ziel, die Schwachen für sich zu gewinnen. Jones blockte die amtliche Herausforderung ab. Und tatsächlich: die Psychologie-Kommission unternahm offiziell nie etwas, veröffentlichte nie einen kritischen Bericht und ließ die Angelegenheit endlich auf sich beruhen.

Trotz des Aufschreis um seine Gesundbeterei blieb Jones in Indianapolis und wurde 1965 zum Pfarrer der »Jünger Christi« geweiht. Seine wachsende Gemeinde und sein zunehmender finanzieller Erfolg brachten ihn dazu, es mit mehr als nur den Bürgerrechten und dem persönlichen Glaubensbekenntnis zu versuchen. Jones, der arme Junge vom Land, gründete zwei Unternehmen.

Das erste war das großartig klingende *Wings of Deliverance* (etwa »Schwingen der Erlösung«), ein gemeinnütziges Unternehmen, dessen erklärtes Ziel darin bestand, »das Reich Gottes zu fördern und das wahre Heilige Wort Gottes zu verbreiten«.

Das zweite war eine Familiengesellschaft, mit Jones, seiner Frau Marceline und seiner Mutter Lynetta als Gesellschaftern, genannt die *Jim-Lu-Mar Corporation.* Sie war nicht gemeinnützig und sollte Gewinn abwerfen, indem sie Firmen erwarb, »eingeschlossen – aber nicht beschränkt auf – den Betrieb von Pflegeheimen, den Kauf, Verkauf oder die Verwaltung von Immobilien; den Betrieb von Lebensmittelgeschäften, Märkten usw.«.

Jim, nicht gerade für seine finanziellen Zauberkünste bekannt, verlor jedoch schnell das Interesse an den *Wings of Deliverance* und der *Jim-Lu-Mar Corporation.* Der Staatssekretär von Indiana entzog ihm im Juni 1970 die Körperschaftslizenzen für beide Unternehmen, da sie seit ihrer Gründung im Jahr 1965 keine Jahresabschlüsse vorgelegt hatten. Auch die Finanzbehörden waren unzufrieden. Die Beamten der Bundesbehörde meldeten, daß *Wings of Deliverance* es versäumt habe, zwischen 1966 und 1970 Körperschaftssteuererklärungen abzugeben. Und die *Jim-Lu-Mar Corporation* habe nur im ersten Jahr ihres Bestehens die nötigen Unterlagen eingereicht, gab die Behörde an.

Vergil Berry, stellvertretender Leiter der Steuerbehörden von Indiana, erklärte im vergangenen Jahr Reportern, der Bundesstaat habe die Unternehmen allerdings wegen ihrer Versäumnisse nicht rechtlich verfolgt – ein weiterer Trumpf im glücklichen Spiel des »Tempels«, amtliche Nachforschungen über die Aktivitäten der Kirche abzuwehren.

Jones war von seinen finanziellen Rückschlägen entmutigt. Außerdem, so erklären Mitarbeiter, habe ihn sein Mangel an Erfolg beim Abbau rassischer Spannungen deprimiert. Dazu kamen die anhaltenden Angriffe auf seine sensationell klingenden Behauptungen über die Heilung Kranker. Als die Kritik heftiger wurde, erhielten Jones' Erfahrungen in Indianapolis einen bitteren Beigeschmack, und im Juni 1965 war er entschlossen wegzuziehen. Er griff seine alten Prophezeiungen von einer atomaren Katastrophe wieder auf und erinnerte seine Gemeinde daran, daß es immer noch das Gebiet von Ukiah gebe, wohin er sie in Sicherheit bringen werde. Er begann den Umzug zu planen.

Die Glieder seiner gläubigen Herde jedoch dazu zu bewegen, Stellung, Familie und Umgebung für den Treck quer durch den Kontinent zu verlassen, stellte sich als schwierig heraus. Die Zahlen, von denen er früher gesprochen hatte, von den tausend Mahlzeiten pro Woche und den »Hunderten« von Anhängern, schrumpften beträchtlich, als die Zeit zum Aufbruch gekommen war. Es gibt verschiedene Schätzungen; aber wahrscheinlich waren es zwischen 100 und 165 Personen, die in kleinen Kolonnen aufbrachen, um mit Jones zusammen im Sommer 1965 an die Westküste zu ziehen.

Sechs Monate bevor Jones nach Ukiah aufbrach, traten Marvin und Jackie Swinney dem »Tempel« bei. Ein junges, weißes

Paar Anfang zwanzig, waren sie in ihre Heimatstadt Indianapolis zurückgekehrt, wo Marvin eine Stellung in einer Elektronikfirma antrat. Als sie sich eingelebt hatten, beschlossen sie, die Kirche zu besuchen, die, wie sie gehört hatten, »wunderbare humanitäre Ziele verfolgte«.

»Wenn jemandem das Haus niederbrannte, packten wir Kleidung zusammen und gingen zu ihm. Wenn die Leute Geld brauchten, gaben wir es ihnen. Jim war ein fabelhafter Mensch, den wir alle bewunderten«, sagt Jackie Swinney aus.

Die Neuankömmlinge fanden, daß in Jims »Tempel« eine ruhige, ausgeglichene Stimmung herrschte. Orthodoxe Vorschriften hinsichtlich Bibelauslegung und Sonntagsschule waren durch gute Taten und Unterhaltungen über liberales Gedankengut ersetzt worden, durch Gespräche über die nukleare Abrüstung, die Sorge um die Armen, die Rassenintegration. Die Kirche war, obschon die Hälfte ihrer Glieder aus Farbigen bestand, von einem freundschaftlichen Geist beseelt, der auch gemischtrassige Beziehungen unbefangen beurteilte.

Nachdem Marvin und Jackie kaum sechs Monate Glieder des »Tempels« waren, forderte Jones sie auf, mit ihren angeheirateten Verwandten nach Ukiah zu ziehen. Die Familie Swinney, einschließlich Marvins Bruder und seiner Angehörigen, fuhr in vier Autos. Sie nahmen alles mit, was sie besaßen.

Jones versprach seiner kleinen, treuen Gemeinde eine neue Zufluchtsstätte, frei nicht nur von den Rassenproblemen, die Indianapolis vergifteten, sondern auch ein sicherer Ort bei der bevorstehenden Katastrophe. Wer würde übrigbleiben, wenn die Bombenexplosionen »alle Rassisten« getötet hatten, die Jones quälten? Seine Gemeinde natürlich, eine wohlmeinende, vielrassige Gruppe von Pionieren, geleitet von ihrem willensstarken Propheten Gottes.

4

Redwood Valley

Etwa 200 Kilometer nördlich von San Francisco liegt die kleine Ortschaft Redwood Valley. Sie lebt von der Landwirtschaft. An den Berghängen ziehen sich Weingärten und Wiesen hin, und zwischen den Farmhäusern liegen die Wochenendhäuser begüterter Leute aus der Gegend von San Francisco. Die Gegend wird von einfachen, aufrichtigen Leuten bewohnt, ähnlich dem rauhen Menschenschlag, unter dem Jones in Lynn aufwuchs.

Obwohl die meisten Rotholzbäume gefällt worden sind, die früher die hügelige Landschaft belebten, ist die Gegend immer noch von sanfter Schönheit. Pferde drängen sich an Holzzäunen, und an den gepflegten Rebstöcken hängen Trauben.

Der weitgereiste Geistliche aus Indiana hatte einen Ort gefunden, der Ähnlichkeit mit dem gesuchten friedlichen Paradies besaß. Keine zwei Monate nach dem Eintreffen der Gruppe unterzeichneten Jones, seine Frau und Hilfspfarrer Archie Ijames am 26. November 1965 Verträge, die den »Volkstempel – Jünger Christi« zu einer gemeinnützigen kalifornischen Körperschaft machten.

Trotz der herrlichen Umgebung war die Übergangszeit für den neu eingetroffenen Pastor und seine Pilgerschar aus dem Mittelwesten jedoch ziemlich unangenehm. Seine Anhänger, viele davon Farbige aus der Großstadt, waren den alteingesessenen, konservativen Bewohnern von Redwood Valley ein Dorn im Auge.

Jones entwickelte deshalb eine sorgfältig geplante, umfassende Strategie, um seine neuen, argwöhnischen Nachbarn für sich zu gewinnen. Er hielt Gottesdienste in Parkhäusern und auf Jahrmärkten ab. Seine Leute stellten Kuchen auf der Veranda von George Hunter, des Herausgebers des *Ukiah Journal,* und vor dem Haus von Al Barbero, dem Supervisor für den Distrikt Redwood Valley, ab. Er arbeitete mit der örtlichen Sektion der Gesellschaft »Amerikanischer Indianer« zusammen und verfehlte nicht, auf seine eigene Irokesen-Abstammung zu verweisen.

Erinnerungen an seine Kindheit, die er unter Tieren auf der Farm in Indiana verbracht hatte, veranlaßten Jones, ein Tierheim zu gründen. Seine Frau Marceline wurde staatliche Pflegeheim-Inspektorin, und der »Tempel« und seine Mitglieder eröffneten ein Heim für Knaben, zu dem vierzig Morgen Grund gehörten, und drei Genesungsheime. 1970, als die Anti-Vietnam-Bewegung auf ihrem Höhepunkt war, stiftete er 150 Dollar als Grundstock eines Hilfsfonds für im Dienst getötete Polizeibeamte. »Es ist höchste Zeit, daß wir den Leuten zeigen, daß nicht jeder, der gegen den Krieg und für soziale Gerechtigkeit ist, die Polizei haßt«, erklärte Jones.

Mitglieder des »Tempels« – nach zwei Jahren waren es über 300 – wurden aufgefordert, elternlose Kinder aus der Bay Area aufzunehmen und in kircheneigenen Pflegeheimen unterzubringen.

1967 besaß Jones genug Einfluß in der Lokalpolitik, um ins Schwurgericht des Bezirks berufen und zu dessen Sprecher ernannt zu werden. Er wurde Leiter der Stiftung für juristische Beratung in den Bezirken Mendocino und Lake und gewann den jungen, populären Bezirksanwalt Tim O. Stoen für sich. Jones machte Stoen sofort zu einem seiner führenden Berater. Jones' Anhänger stammten aus allen Kreisen der Gesellschaft von Redwood Valley; Bankangestellte, Bewährungshelfer und sogar der Sprechfunkleiter des Sheriff-Büros waren darunter. Die Leute im Bezirk Mendocino erinnern sich an Jones als einen liebenswürdigen, aber exzentrischen Mann: nett, freundlich und

Pfarrer Jim Jones im März 1976 *(San Francisco Chronicle)*

stets bereit, Gutes zu tun, wo er nur konnte, aber von einer etwas seltsamen Art des Auftretens.

Ein alter Freund aus Indianapolis, Pfarrer Ross Case, suchte Jones auf und sagte ihm seine Unterstützung zu. Case, der an einer Oberschule im nahen Ukiah Lehrer war, half dem neuen Pfarrer, eine Stelle als Teilzeitlehrer zu erhalten. Sie packten viele Probleme ihres geistlichen Berufes gemeinsam an und erneuerten ihre alte Freundschaft.

Case stellte fest, daß sein Freund sich verändert hatte. »Er sagte Dinge wie: ›Ich bin kein Christ. Ich bin ein Universalist.‹ Er warf beim Gottesdienst die Bibel auf den Boden und trat darauf herum. Er sprach endlos über Sex. Leute, die seine Kirche verlassen wollten, machten sich Sorgen um Anrufe, mit denen sie unter Druck gesetzt werden sollten. Diese Dinge entzweiten uns mit der Zeit«, sagt Case.

Eine andere Person, die sich gut an Jones erinnert, ist Ruby Bogner, eine Lehrerin in Redwood Valley, in deren Klassen viele Kinder aus dem »Tempel« saßen, obwohl sie selbst dem »Tempel« nicht angehörte.

»Jim Jones hatte einen schwarzen Jungen adoptiert. Er war sehr begabt, aber hypernervös. Ich sprach mit Jones über seinen Sohn und fragte ihn, ob es einen Weg gebe, den Jungen an Disziplin zu gewöhnen oder mit ihm zu reden.

Mr. Jones rief zurück und erklärte mir, ich sei voreingenommen«, fährt sie fort. Später schickte ihr Jones jedoch einen Kuchen und einen herzlichen Brief, in dem er sie dafür lobte, »eine so großartige Lehrerin zu sein«, sagt Mrs. Bogner.

Die »Tempel«-Kinder blieben in den Pausen zusammen und sonderten sich nach der Schule ab. Als sie versuchte, mit ihren jungen Grundschülern zu sprechen, berichtete Ruby Bogner weiter, »logen sie oder sprachen ausweichend über das, was sie zu Hause taten. Dann hörte ich, daß die ›Tempel-Kirche‹ bewacht würde; an den Zäunen lauerten Hunde.

Ich hielt alle diese Schutzmaßnahmen für albern. Wenn man jedoch versuchte, mit den Kindern darüber zu sprechen, hörte man nur, was für ein wunderbarer Mensch Jim Jones sei.«

Jones entwickelte großes Interesse für Abstimmungen und Wahlen. Das hing natürlich mit seinen sozialen Bestrebungen zusammen. Trotzdem war es erstaunlich, wieviel Einfluß Jones binnen kurzer Zeit gewann, mit vermutlich nur einer Sonntagspredigt in der Woche. Sein Anhang wurde Ende der sechziger Jahre auf 300 bis 400 Stimmen geschätzt, und bei einer kleinen Ersatzwahl erhielt Jones die meisten Stimmen.

»Ich konnte jedem die Wahlergebnisse nach Stimmbezirken zeigen und die Jones-Stimmen herauspicken«, erklärt der Supervisor des Bezirks, Barbero. »So etwas gibt es hier sonst nicht.«

Es gab andere Aspekte des »Tempels«, die den Leuten auffielen. Die Kirche klagte ständig über Attacken von Vandalen und anonymen Gegnern. Mitglieder gaben an, Feinde ihrer Bewegung würfen tote Katzen und Hunde in den Vorgarten des »Tempels« oder zerschössen Fenster. Andere ereiferten sich über Jones' progressive Ansichten und die rassisch integrierte Gemeinde.

Jones' neuer Freund George Hunter vom Lokalblatt in Ukiah hatte Verständnis für den liberal gesonnenen Neubürger und kam ihm mit freundlicher Berichterstattung entgegen. »Lokale Gruppe nächtlichem Terror ausgesetzt«, lautete beispielsweise eine Schlagzeile.

Sheriff Tom Jondahl erklärte jedoch, der »Tempel« von Redwood Valley sei »kein Problem für die Polizei. Wir bekommen von dort nicht mehr Anzeigen als von anderswo.«

Wenn die Kirche Probleme hatte, so waren daran nicht allein die Rowdys schuld, die sich Samstagnacht einen Spaß machen wollten. Die »Tempel«-Mitglieder blieben stumm, was ihr Tun und Treiben betraf. »Wenn man sie fragte, wie es bei ihnen zugehe, wollten sie nicht mit der Sprache heraus«, berichtet John Mayfield Jr., ein ehemaliger Supervisor. Auch Jones selbst lebte sehr zurückgezogen.

Die Einwohner von Redwood Valley wurden von Gerüchten beunruhigt, daß der »Tempel« sich ausdehne und immer mehr Leute an sich ziehe, vermutlich Farbige, die auf der Suche nach Arbeitsplätzen waren.

Dabei nahm Jones' Wohlstand stetig zu. Er trieb genug Geld auf, um eine neue Kirche mit einem bunten Glasfenster in Sternform über dem Altar zu bauen, ein zwölfeinhalb Meter langes Tauf-Schwimmbecken, ein neues Pfarrhaus und einen asphaltierten Parkplatz, der so groß war, daß seine gesamte Flotte von elf gebrauchten Greyhound-Omnibussen darauf Platz hatte.

Mit der Zeit wurde Jones in seinem Paradies jedoch unruhig. Sein ländliches Refugium wurde ihm zu eng, und er beschloß, über dessen Grenzen hinauszugreifen. Er plante eine Vortragstournee mit strapaziösen Wochenendfahrten für seine gesamte Gemeinde. Der »Tempel« sollte sich am frühen Abend vor der Kirche von Redwood Valley treffen, um mit den Omnibussen nach San Francisco zu fahren. Zuvor hatte Jones' Vortruppe in den Stadtbezirken Fillmore und Bayview von San Francisco bereits Flugblätter verteilt, mit denselben lautstarken Werbesprüchen, die sich schon in Indiana bewährt hatten.

»Pastor JIM JONES ... Unglaublich! ... Wundersam! ... Verblüffend! ... Die phantastischsten prophetischen Heilungen, die Sie je miterlebt haben. Erblicken Sie das Wort, in unserer Mitte Fleisch geworden!

Gott ist am Werk, wenn bei jedem Gottesdienst Tumormassen ausgeschieden werden ... Vor Ihren Augen gehen die Lahmen, sehen die Blinden!

Bei jedem Gottesdienst werden Dutzende aus dem Publikum

aufgerufen und erfahren die intimsten (aber nie peinlichen) Einzelheiten aus ihrem Leben, die nur Gott offenbaren kann!

Christus wird verwirklicht durch die zutreffenden Offenbarungen und die wundersamen Heilungen Seines geistlichen Dieners Jim Jones!

Diese vernünftigen, spirituellen Heilungen stellen sich in keiner Weise gegen die medizinische Wissenschaft. Vielmehr besteht der ›Tempel‹ sogar darauf, daß sich seine Mitglieder jedes Jahr ärztlich untersuchen lassen und sich an die Anweisungen ihrer Ärzte halten.

Sehen Sie Gottes übernatürliche Werke jetzt!«

Es gab Kapellen, Gospel-Gesang, Tanz und anschließend eine lange, leidenschaftliche Predigt von Jones, der eine dunkle Sonnenbrille und ein Gewand aus Satin zu seinem Markenzeichen machte. Seine Helfer, oft in roten Hemden mit schwarzen Schlipsen, waren zu beiden Seiten aufgestellt. Ein Glanzstück krönte den Gottesdienst.

Eine ältere Frau, gewöhnlich eine Farbige, humpelte durch den Zwischengang, um Jones um Hilfe anzuflehen. Gab es nichts, was er für sie tun könnte? Für sie, einen hoffnungslosen Krüppel, verletzt von einem bösen weißen Autofahrer, der sie für tot hatte liegenlassen?

Jones pflegte von dieser unglücklichen Frau, die durch den Rassismus eines anderen in ihrem eigenen Rassenwahn bestärkt wurde, sichtlich betroffen zu sein und versuchte, sie zu beruhigen.

»Nicht alle Weißen sind so. Sie sollten die anderen wegen Ihres Unglücks nicht verurteilen. Es muß Liebe in unserem Leben geben«, pflegte er flehentlich zu bitten.

Dann forderte er oder einer seiner Helfer sie auf vorzutreten. Er umarmte sie vorsichtig oder berührte die verletzten Gliedmaßen.

Augenblicklich sprang die Frau dann hoch, mit gesunden Gliedern. Sie pflegte ihre Krücken wegzuwerfen und im Kreis zu tanzen. Dann lief sie durch die Zwischengänge, so daß alle sie sehen konnten. Die Verblüffung war groß, vor allem bei denen, die den Gottesdienst zum erstenmal besuchten.

Jones schien nie etwas zu mißlingen – die Heilung war immer spektakulär, verwirrend, rätselhaft. Kaum einer von all den Menschen, die diese »Wunder« miterleben durften, zweifelten je an ihrer Echtheit.

Wenn die Zusammenkunft zu Ende ging, eilten die geschäftigen »Tempel«-Helfer durch den Saal, erinnerten Neulinge an den Termin des nächsten Treffens, baten um ihre Adressen oder die Namen von Freunden und sammelten Geldspenden bei den regulären Mitgliedern.

Meistens versammelte Jones dann seine Gemeinde, die Musiker und die Helfer und fuhr zu einer zweiten Veranstaltung in Los Angeles. Mußten sie übernachten, brachte Jones seine Anhänger in den Häusern südkalifornischer »Tempel«-Mitglieder unter, die Leiber so zusammengedrängt, daß man kaum den Boden sehen konnte.

Bei anderen Gelegenheiten luden Jones und sein Stab potentielle Konvertiten aus San Francisco und Los Angeles nach Redwood Valley ein. Sie schickten Busse in die Städte und holten die Beitrittskandidaten ab.

Eines dieser Wochenenden in Redwood Valley wurde zum Thema einer groß aufgemachten Artikelserie, die im September 1972 im *San Francisco Examiner* erschien. Der streitbare Kirchenredakteur des Blattes, Lester Kinsolving, griff Jones wegen seiner Behauptung an, er habe »über vierzig Menschen ins Leben zurückgeholt . . . Menschen, die steif wie Bretter waren, mit heraushängender Zunge, gebrochenen Augen und ergrauender Haut, Menschen, die kein Lebenszeichen mehr von sich gaben.«

Als genügten derart groteske Behauptungen noch nicht, schrieb Kinsolving weiter, sei da Jones selbst, »ein gutaussehender Mann indianischer Abstammung, mit dunklem Teint . . . bekleidet mit weißem Rollkragenpullover, Talar und dunkler Brille. Er saß auf einem gepolsterten Hocker hinter dem Podium – eine Notwendigkeit, bedenkt man die fünf- und sechsstündige Dauer seiner Gottesdienste.«

Kinsolving störte sich auch an einer anderen Gewohnheit des »Tempels«. Helfer, die den Parkplatz der Kirche kontrollierten, trugen Pistolen oder Gewehre. »Der Prophet reist mit eindrucksvoll bewaffneten Leibwächtern«, bemerkte der Reporter.

Danach gefragt, erklärte der Rechtsanwalt der Kirche, Eugene Chaikin, die Schußwaffen habe man sich angeschafft, weil die Drohungen und Handgreiflichkeiten gegen die Kirche kein Ende nahmen.

Jones selbst sagte, er ziehe es vor, überhaupt keine Sicherheitsleute zu haben, aber sein Direktorium – eine persönlich ausgewählte Gruppe langjähriger, treuer Anhänger – habe ihn überstimmt und ihm keine andere Wahl gelassen.

Dem »Tempel« schadeten Kinsolvings Berichte außerordentlich, und Jones schickte Dutzende von Anhängern los, die zwei Tage lang vor dem Zeitungsgebäude demonstrierten.

Schließlich setzte sich Jones zu einem zweieinhalbstündigen Gespräch mit drei Redakteuren vom *Examiner* zusammen. Dabei beharrte er darauf, daß er 43 »Wiederbelebungen« bewirkt habe. Dem in der Zeitung veröffentlichten Interview zufolge sprach er auch über die besondere Rolle, die er auf sich genommen habe, um Leben und Tod seiner Gläubigen ins richtige Gleichgewicht zu bringen.

»Frage: Was verstehen Sie unter spiritueller Heilung?

Jones: Wenn man in der Medizin von einem Mann hört, der seinem Herzen sagt, wann er sterben soll, geht das von hier oben (auf seinen Kopf deutend) aus. Das können wir ausbauen. Wir brauchen höchstens fünf Prozent unserer Fähigkeiten. Und ich sehe mich gern in der Rolle des Anregers. Ich glaube, das ist der passendste Ausdruck dafür.

Frage: Ein Direktor des ›Tempels‹ gibt an, Sie hätten 43 Tote wieder zum Leben erweckt.

Jones: Ich glaube, es waren 43 Wiedererweckungen.

Frage: Ist das nicht ungewöhnlich, wenn so viele in einer einzigen Kirche gestorben sind?

Jones: Angesichts der Tatsache, daß nur solche Leute zu einem Glaubensheiler kommen, die auf dem letzten Loch pfeifen – was ich zu verhindern versuche . . . Aber trotzdem bringt man die Leute im grauenhaftesten Zustand zu mir. Auf Tragbahren. Manche davon lagen auf Tragbahren. Einmal hatte ich zum Beispiel einen 84jährigen Mann . . .

Eine schreckliche Zahl, diese 43.

Frage: Sie sagen, Sie hätten noch nie einen Mißerfolg gehabt. Bei 43 Wiedereweckungsversuchen hätten Sie demnach 43mal Erfolg gehabt. Das heißt, niemand ist gestorben . . .

Jones: Ja.

Frage: Im Sportjargon hieße das, jeden Treffer der gegnerischen Mannschaft zu verhindern. Daraus ergibt sich doch, daß Sie und Ihre Leute auf irgendeine Weise ewig leben könnten. Sobald jemand stirbt, erwecken Sie ihn wieder.

Jones: Wir können alle in den Spiegel blicken, wissen Sie. Wir haben uns noch nicht so weit entwickelt . . . Wenn es eine Dimension gibt, die der Geist erobern kann, bin ich sehr dafür, dem nachzugehen . . .

Frage: Alle diese Wiedererweckungen haben in der Kirche selbst stattgefunden?

Jones: Ja, im Innern der Kirche. Wir hatten eine sehr gute Zeit – in den letzten Jahren hat es unter denen, die unserem Glauben anhängen, keinen Todesfall gegeben.«

Die sensationelle Artikelserie des *Examiner* und die offene Verhöhnung seiner Behauptungen schienen Jones gegen die Medien und jedes öffentliche Auftreten, das er nicht kontrollieren konnte, einzunehmen. Vor vier Jahren vereinbarte Steve Caravello, ein Reporter des Wochenblatts *Mendocino Grapevine,* ein Gespräch mit ihm für einen Sonderbericht über lokale religiöse Gemeinschaften.

Jones reagierte mit unverhohlener Feindseligkeit. Der Pfarrer betrachtete Caravello mit Argwohn und beschuldigte den Reporter, ihn verleumden zu wollen. Als Caravello Aufnahmen machte, wurden die »Tempel«-Helfer wütend, weil er sich weigerte, den Film herauszugeben.

Was sei an den ganzen Geschichten über Wunderheilungen dran? wollte Caravello hartnäckig wissen. Es heiße sogar, daß während eines Gottesdienstes ein Gegner aufgesprungen sei und Jones mitten in die Brust geschossen habe. Es habe eine blutige Szene gegeben, während Jones vom Podium geführt worden sei. Aber er sei nach fünf Minuten zurückgekommen, in einem makellos weißen Hemd mit einem kleinen Einschußloch, sagte Caravello. Ob das so gewesen sei?

Jones lächelte nur. »Die Leute behaupten alles mögliche«, erklärte er.

5

San Francisco

1970 war Jones soweit, daß er seine Kirche nach San Francisco verlegen konnte. Redwood Valley war zu klein, zu provinziell und verhielt sich seinen Ansichten gegenüber zu ablehnend. In San Francisco lockten noch größere Erfolge ... Die schwarze Bevölkerung der Stadt würde von seiner Botschaft begeistert sein, und seine eigene politische Macht würde sich vergrößern. Viele seiner Anhänger lebten bereits in der Bay Area; der Umzug der gesamten Gemeinde erschien nur konsequent.

Im September 1972 erwarb Jones am Geary Boulevard 1859 einen leeren Saal für 122 500 Dollar und begann sein Hauptquartier zu verlegen. Der »Tempel« meldete 165 240 Dollar an örtlichen Spenden und 42 637 Dollar an »Ausgriff« (»outreach«) – eine besondere Kategorie der Geldeinnahme, deren Bedeutung nur Jones und sein engster Beraterkreis kannten.

Wieder einmal war Jones neu in einer Stadt, und er beschloß, Freunde zu suchen.

Einer von ihnen war Pfarrer George Bedford von der »Macedonia-Missionars-Baptistenkirche«. Unmittelbar nach der Ermordung Martin Luther Kings hatte Bedford eine Anzeige in die Zeitungen gesetzt und vorgeschlagen, Schwarze und Weiße sollten gemeinsam beten. Jones rief ihn an und brachte zum nächsten Gottesdienst ein Dutzend Anhänger mit.

Am darauffolgenden Sonntag erschien Jones mit mehr als hundert Leuten. Bedford erklärte sich dankbar bereit, Jones' Kirche in Mendocino zu besuchen, was er dreimal tat.

Bedford, einer der geachtetsten farbigen Kirchenmänner der

Stadt, war ein wenig beunruhigt von Jones' Gesundbeterei, wie er sie in der Kirche von Redwood Valley vorführte. Trotzdem schätzte Bedford seinen neuen Freund als fleißigen, gewissenhaften Mann, und Jones verfügte über eine gut organisierte Gemeinde.

»Er tat aber ein paar Dinge, die ich nicht als Ausfluß brüderlicher Liebe bezeichnen würde«, sagt Bedford heute.

Es stellte sich heraus, daß Jones manche von Bedfords Kirchengliedern zum »Volkstempel« herüberziehen wollte. Jones sprach auch schlecht über den Pfarrer. »Ich beschloß, auf meiner Straßenseite zu bleiben, und empfahl ihm, dasselbe zu tun«, erklärt Bedford.

Jones nahm eine neue Haltung gegenüber der Presse ein: Er begann, ihr rückhaltlos zu schmeicheln. Im Januar 1973 sprach er zwölf Zeitungen, einer Fernsehstation und einem Nachrichtenmagazin Zuschüsse in Höhe von 4400 Dollar zu. Die größten Blätter im Bundesstaat, der *San Francisco Chronicle* und die *Los Angeles Times,* erhielten mit je 500 Dollar die höchsten Prämien. Der *Chronicle* spendete seine Prämie Sigma Delta Chi, einer Journalistenvereinigung.

Die Kirche gab bei der Verleihung der Preise an, sie umfasse 7500 Mitglieder. Das Geld, so erklärte der »Tempel«, solle »zur Verteidigung einer freien Presse« verwendet werden.

Im August 1973 brannte der »Tempel« in der Geary Street aus; die Ursache blieb ungeklärt. Die Verantwortlichen der Gemeinde gaben den Ermittlern der Feuerwehr gegenüber an, normalerweise schliefen an die vierzig Schüler dort; aber Jones habe eine Vorahnung gehabt, »daß etwas Derartiges geschehen könnte«. Er habe deshalb die Schüler zum Abendgottesdienst am Mittwoch nach Redwood Valley mitgenommen. Niemand wurde getötet oder verletzt.

Jones' Ruf als Prophet und Fürsorger breitete sich aus. Die

Der »Volkstempel« an der Geary Street in San Francisco
(San Francisco Chronicle)

Leute konnten sich auf ihn verlassen, gleichgültig, was für ein Problem sie hatten.

Am 8. November 1973 erschoß Christopher Lewis, der Familienangehörige im »Tempel« hatte, Rory Hithe in einem zornigen Streit um die Anti-Armuts-Politik in Fillmore. Der Schuß fiel vor den Augen einer großen Anzahl von Personen in einem Zimmer. Lewis, früher heroinsüchtig und vorbestraft, mit dem Ruf, ein Radaubruder zu sein, nahm sich den bekannten Strafverteidiger James Martin MacInnis zum Verteidiger.

Für ein Honorar von über zwanzigtausend Dollar erwirkte MacInnis einen Freispruch wegen Notwehr. Lewis' Frau und Schwiegermutter waren beide »Tempel«-Mitglieder, und MacInnis sagt, an jedem Tag der Verhandlung hätten sich 20 bis 30 Gemeindeglieder im Gerichtssaal eingefunden.

»Lewis bezahlte mich, aber soviel ich weiß, stammte das Geld von ihm (Jones)«, sagt MacInnis.

1974 stieg Lewis zu einem von Jones' Leibwächtern auf. 1977 wurde Lewis jedoch ermordet. Die Polizei erhob Anklage gegen Unbekannt. Lewis trug über tausend Dollar in bar bei sich. Es gab keine klare Verbindung zwischen der Kirche und Lewis' Tod, zu Festnahmen kam es nicht.

Jones' Zukunft erstrahlte in hellerem Licht denn je, und seine Gemeinde nahm zu an Reichtum und Größe. Er eröffnete eine weitere Kirche in Los Angeles, wozu er eine alte Synagoge in der South Alvarado Street 1366 kaufte.

Er begann, mit einem Gefolge von Leibwächtern und Helfern im Land herumzufliegen, sprach mit Pfarrern in Detroit, Houston und St. Louis. Er vergrößerte seine Omnibusflotte auf dreizehn Fahrzeuge. Wenn Jones Urlaub machte, nahm er an Bord der Busse mehrere hundert Anhänger mit nach Mexiko, Disneyland und Washington, D.C., wo sie auf den Stufen des Kapitols fotografiert wurden und die *Washington Post* einen schmeichelhaften Leitartikel über sie veröffentlichte.

Am 13. Juli 1973 wurde Brotherhood Records als Tochtergesellschaft der Kirche gegründet. Sie produzierte die Musik des »großen gemischtrassigen Jugendchors und Orchesters« des »Tempels« und brachte sie auf den Markt.

Jones begann eine 6- bis 8seitige Zeitung herauszugeben, die den Namen *Peoples Forum* trug und angeblich eine Auflage von über 300 000 erreichte – 60 000 Exemplare dürften wohl eher den Tatsachen entsprechen. Jones war klug genug, das Blatt von Maschinen drucken zu lassen, die Dr. Carlton Goodlett gehörten, dem farbigen Verleger in San Francisco, der früher einen Zuschuß von 300 Dollar von Jones erhalten hatte.

Die Zeitung war eine kuriose Mischung aus politischen Leitartikeln, Kirchennachrichten, Nachrichten von der parapsychologischen Front, Horrorbildern aus deutschen Konzentrationslagern und Berichten von Ku-Klux-Klan-Treffen. Es gab Reportagen über das Leid junger Robben und über südamerikanische Mörderbienen. Der Stil war gespreizt, und im wesentlichen ging es darum, die »hungernden Massen« und ihren »unnachgiebigen« Fürsprecher Jim Jones herauszustellen.

Der »Tempel« hatte jeden Samstag von 11 bis 11.30 Uhr bei KFAX, einer religiösen Rundfunkstation, dreißig Minuten Sendezeit. Zu den Themen, die Jones mit seinen Helfern besprach, gehörten Südafrika, das Wettrüsten und die steigende Kriminalität.

Zu dieser Zeit kam Jones zum erstenmal seit seinem Jahre zurückliegenden Besuch wieder mit Guayana in Berührung. »Unternehmen Brotkorb« sollte dazu beitragen, die Armen in der ehemaligen britischen Kolonie in Südamerika zu kleiden und zu ernähren. Jones unternahm eine Blitzreise durch den Urwald und kam mit Berichten über hungernde Kinder und obdachlose Familien zurück. »Für 2000 Dollar kann man ein Haus für dreizehn Menschen kaufen«, sagte er. »Für 200 Dollar kann man einen Morgen Urwaldgelände kaufen. Und für 20 Dollar bekommt man fünf Harken.«

Jones begann seine Anhänger politisch einzusetzen, meist bei Gelegenheiten, wo die bloße Anwesenheit mehr zählte als Verstand.

Eine Mitarbeiterin der Demokratischen Partei geriet in Bedrängnis, als sie einen Auftritt Rosalynn Carters im September 1976 vorbereitete. Man brauchte dringend ein ausreichendes Publikum, und die Organisatorin wandte sich an Jones.

Die Versammlung sollte um 20 Uhr beginnen. Um 18.30 Uhr hatten die Busse des »Tempels« 750 Personen am Versammlungsort in der Market Street abgesetzt. »Das hätten Sie sehen sollen – alte Damen auf Krücken, ganze Familien. Dann fielen uns Dinge wie die Leibwächter auf«, erinnert sich die Organisatorin.

»Die Leute vom Secret Service bekamen Anfälle. Sie wollten wissen, wer alle diese farbigen Burschen seien, die mit verschränkten Armen in den Ecken herumstanden«, sagt sie.

Jones bekam einen Platz auf der Rednertribüne direkt neben einer Reihe hoher Parteifunktionäre. Während der Reden waren Jones' Leute höflich und von mäßiger Begeisterung; doch als Jones seine Rede beendet hatte, gab es einen orkanartigen Beifall. »Es war ziemlich peinlich«, sagt die Frau.

Am nächsten Tag erhielten die Organisatoren von Rosalynn Carters Auftritt über hundert Briefe. »Sie waren wirklich alle gleich: ›Vielen Dank für die Versammlung, und, wissen Sie, dieser Jim Jones kann wirklich begeistern.‹ Sehen Sie, wir bekommen nie Post, so daß uns sogar ein einzelner Brief auffällt – und nun hundert? Sie mußten noch vor Beginn der Versammlung aufgegeben worden sein, um am nächsten Tag einzutreffen«, sagt die Leiterin der Veranstaltung aus.

Die Briefkampagnen zugunsten Jones' wurden auch andernorts verspürt. Sooft sein Name in den Zeitungen auftauchte, trafen Briefe beim *San Francisco Chronicle* und dem *Examiner* ein. Es waren kurze, handgeschriebene Mitteilungen auf billigem Papier mit Blumenschmuck, in denen immer das gleiche stand: »Jim Jones leistet Wunderbares, und vielen Dank dafür, daß Sie es erwähnen.«

Talkshow-Gastgeber Jim Dunbar in San Francisco lud Jones zu einer Sendung über Wunderheilungen ein, nachdem Dunbar einmal 30 bis 40 Briefe erhalten hatten, in denen von den besonderen Kräften des Pfarrers die Rede gewesen war. »Als die Sendung begann, war, wumm! die Telefonvermittlung blockiert. Alles Jones-Leute«, gibt Dunbar zu.

Während des Kopf-an-Kopf-Rennens um den Bürgermeisterposten im Dezember 1975 arbeiteten an die 800 »Tempel«-Mitglieder mit, um die Wähler in einzelnen Stimmbezirken an die Wahlmaschinen zu bringen. Dort erlangte der siegreiche Kandidat George Moscone einen Vorsprung von bis zu 12 zu 1.

»Sie waren anständig gekleidet, höflich, und sie hatten sich in die Wählerlisten eingetragen«, sagt ein Wahlkampfmanager Moscones. »Jeder redet von den Gewerkschaften und ihrer Macht, aber Jones bringt die Leute auf die Beine«, fügt er hinzu.

Nach der Wahl lehnte Jones eine Berufung in die Menschenrechtskommission ab, aber am 18. Oktober 1976 wurde er in die Wohnungsbaukommission berufen. Am 24. Februar 1977 übernahm er den Vorsitz, nachdem Moscone Einwände beiseite geräumt hatte.

Er brachte zu den öffentlichen Sitzungen der Kommission regelmäßig hundert Anhänger mit, obwohl da gewöhnlich nur einschläfernde Vorgänge mit Finanzberichten und bürokratischem Kram behandelt wurden. Der Jones-Haufen – meist ältere farbige Frauen in dicken Mänteln und mit großen Wollmützen – saß still dabei und döste. Danach stellte man sich vor dem Gebäude auf und wartete geduldig, daß zwei »Tempel«-Busse einen heimbrachten.

Ein anderer Politiker, den Jones förderte, war Joe Freitas, im November 1975 neugewählter District Attorney von San Francisco. Auf Jones' Vorschlag bewarb sich Tim Stoen, einer von Jones' klügsten Vertrauten und Bezirksanwalt von Mendocino, um den Posten eines stellvertretenden District Attorney unter Freitas. Der neue District Attorney, der vor der Wahl feierlich versprochen hatte, vor allem Minderheiten und Frauen zu berücksichtigen, machte eine Ausnahme und stellte Stoen ein, obwohl er weiß und ein Mann war.

Freitas hat behauptet, er habe Stoen nur wegen seiner hervorragenden Leistungen und seiner blendenden Zeugnisse genommen. »Ich habe nicht gewußt, daß Tim Mitglied des ›Volkstempels‹ war, bis er seinen Dienst angetreten hat, und jeder, der behauptet, das sei ein politischer Preis gewesen, lügt«, sagt Freitas. Aber für Jones war das ein weiterer Schritt auf dem Weg zu einer führenden Rolle im politischen Leben San Franciscos, und Freitas erschien weiterhin gelegentlich bei den Gottesdiensten des »Tempels«.

Immer mehr maßgebliche kalifornische Politiker erschienen zu den Sonntagsgottesdiensten des »Tempels«. Gouverneur Jerry Brown sprach zu mehreren tausend Menschen, und ein halbes Dutzend Politiker der zweiten Garnitur waren wie wild darauf versessen, im »Tempel« sprechen zu dürfen, wenn ihre Wahlfeldzüge Auftrieb brauchten. »Bei so knappen Rennen wie von (Bürgermeister) George (Moscone) oder Freitas oder (Sheriff Richard) Hongisto konnte man ohne Jones aufgeben«, sagt Willie Brown, Mitglied des kalifornischen Repräsentantenhauses, zu dessen Wahlbezirk in San Francisco der »Tempel« gehörte.

Jones war keiner von denen, die sich nur einer Sache verschrieben, wenn andere ebenfalls nach ihm riefen. Er spendete Geld für das Telegraph-Hill-Nachbarschaftszentrum, für eine Betreuungseinrichtung, die sich um die Senioren im Bezirk Tenderloin kümmerte, und für eine Tierklinik, die ihre Miete nicht bezahlen konnte. Auch die NAACP, Angela Davis und Dennis Banks wurden mit Geld unterstützt. Jones war überall und machte alles.

Am 25. September 1976 fand Jones es an der Zeit, eine Ehrenparty für sich selbst zu geben, eine prunkvolle Angelegenheit im »Tempel« am Geary Boulevard, der nach dem Brand wieder aufgebaut worden war. Zu den Ehrengästen gehörten der stellvertretende Gouverneur Mervyn Dymally, die Kongreßabgeordneten und Brüder John und Phil Burton aus San Francisco, das prominente Mitglied des kalifornischen Repräsentantenhauses Willie Brown, Jones' Verleger Carlton Goodlett und Bürgermeister Moscone, allesamt liberale Demokraten.

Als der neugewählte Präsident Jimmy Carter vereidigt wurde, schickte Jones sieben Busladungen mit »Tempel«-Anhängern nach Washington, während er und seine engsten Mitarbeiter vorausflogen. Jones war von der dankbaren Rosalynn Carter eingeladen worden, deren Stab sich an die glückliche, fotogene Menge erinnerte, die Jones einige Monate zuvor zur Verfügung gestellt hatte.

Im Frühjahr 1977 wurde Stephanie Allan aus Berkeley, die politische Veranstaltungen organisiert, nach ihrer Meinung über Jones befragt. »Ich habe nie erlebt, daß Leute die Linke so hofieren, wie Jones es tut. Überall, wo man hinkommt, hört man seinen Namen, und die Leute fragen, was mit ihm sei«, antwortete sie. »Er kommt in einen Saal, hält eine Rede, und 300 Leute sind von ihm begeistert«, berichtete sie weiter. »Es ist höchst seltsam. Und seine Anhänger sind so einseitig!«

Ein anderer Organisator war Jones dankbar dafür, daß er während des Senats-Wahlfeldzuges 1976 für den liberalen Tom Hayden einen rauschenden Empfang im »Tempel« inszenierte.

Aber er entdeckte Anzeichen dafür, daß »Jones alles andere als ein einfacher, alter, populistischer Pfarrer ist.

Wir wurden mit Metalldetektoren abgetastet, als wir hinfuhren, um alles vorzubereiten. Dann begann ich zu begreifen, daß die Leute für Jones da waren, nicht für Tom. Sie hatten kein Gefühl für Menschen, sie lachten nicht.«

Aber nur wenige Leute sprachen sich offen gegen Jones aus. Er verfügte über Einfluß im Kommunalleben und war ein nützlicher Aktivposten, den nahezu jedermann hofierte. Was spielte es da für eine Rolle, wenn er zu Versammlungen und Gottesdiensten mit Leibwächtern, Helfern und seinem Anwalt erschien? Was machte es aus, wenn die Tore zum »Tempel« verschlossen gehalten und unangemeldete Besuche nicht empfangen wurden? Das Gerede von Gesundbeterei und tagelangen Predigten war ohnehin eine Tradition des Mittelwestens, nicht wahr?

Auf der anderen Seite fielen Jones' gute Taten ins Gewicht. Er war von umwerfender Großzügigkeit und gab jedermann, ohne je an Rückzahlung zu denken.

Er war unermüdlich in seiner Arbeit und lud sich immer neue Verpflichtungen auf. Es gab eine mächtige Sympathiewelle, als bekannt wurde, daß er nach einer Sitzung der Wohnungsbaukommission am 24. März 1977 vor Erschöpfung zusammengebrochen war.

Jones' »Tempel«-Mitglied und Anwalt Eugene Chaikin gab an, Jones sei vor der Sitzung die ganze Nacht über wach geblieben, um einem Kirchenmitglied mit einem schweren Drogenproblem Rat zu spenden. Jones habe sich eine Stunde ausgeruht, umgeben von etwa zwanzig besorgten Helfern und Leibwächtern; als er zur Sitzung gefahren sei, habe er ganz munter gewirkt.

Solcherart Nachrichten brachten Jones' Kritiker zum Schweigen.

Man könnte behaupten, Jones habe in einem luftleeren Raum

gelebt, nur im Kontakt zu seinen ergebensten Anhängern. Aber er lebte wie ein echter Christ. Er verlangte nichts, als in Ruhe gelassen zu werden. Willie Brown, der erfahrene Politiker aus dem Bezirk Fillmore, einer seiner loyalen Bewunderer, erklärte: »San Francisco braucht noch zehn Jim Jones.«

6

Im »Volkstempel« Ehemalige Mitglieder äußern sich:

Die ersten Anzeichen, daß der Volkstempel« in seiner Hochburg San Francisco echte Schwierigkeiten bekam, tauchten Anfang 1977 auf.

Reporter fingen an, auf Interviews mit Jones zu drängen und noch mehr Einzelheiten über den Mann hinter der dunklen Brille zu verlangen, der ohne sein Gefolge keinen Schritt tat. »Der Bursche sieht aus wie Haile Selassie vor den Vereinten Nationen«, witzelte ein Journalist.

Es gab auch Gerüchte, deren Wahrheitsgehalt freilich niemand beweisen konnte, daß eine außergewöhnliche Vaterschaftsklage in Vorbereitung sei, und zwar durch eine prominente verheiratete Frau, die Jones als Vater des Kindes angeben wolle.

Noch anderes wurde gemunkelt. Die Kirche habe ein Vermögen aufgehäuft, indem sie ihre armen Anhänger dazu zwinge, bedeutende Summen abzuliefern: Schecks von der Sozialversicherung und Bargeld. Ein Mitglied habe dem »Tempel« sogar eine Generalvollmacht erteilt, in der der Kirche die volle juristische Verfügung über sein Vermögen eingeräumt worden sei. Auch die Wunderheilungen seien nicht das, als was sie ausgegeben würden, hieß es.

Die Risse in der mächtigen Mauer um den »Tempel« vergrößerten sich allerdings kaum, bis die erste Gruppe ehemaliger Mitglieder schüchtern hervortrat. Sie hätten Angst, erklärten die Leute; aber wenn man behutsam vorgehe und ihnen Glauben schenke, wären sie bereit, über Jones und seine seltsame Kirche auszupacken.

Nichts, was Außenstehende mutmaßten, käme den Tatsachen auch nur entfernt nahe, sagten sie. Jones, der gute und gütige Menschenfreund, der diese früheren Mitglieder seinerzeit für sich gewonnen hatte, sei rundweg ein Betrüger, ein die Menschen verzaubernder Manipulant, ein zynischer Politiker und ein falscher Puritaner, bei dem die in der Öffentlichkeit demonstrierte Frömmigkeit und das Privatleben weit auseinanderklafften.

Ihre Erzählungen vom »Tempel«-Leben malten das erschrekkende Bild einer winzigen Welt unschuldiger Gläubiger, die in immer engeren Kreisen in das Treiben ihrer Kirche verstrickt wurden. Im Mittelpunkt jeder Diskussion mit ehemaligen Sektenanhängern stand die überragende Gestalt von Jones' Persönlichkeit. Er war es, der die früheren Mitglieder verraten hatte und gegen den sich ihr bitterster Hohn richtete, bevor sie sich anderen Themen zuwandten. Es klang alles so verrückt, daß nur wenige Reporter alle Einzelheiten aufzunehmen vermochten, und die meisten dieser ersten Zuhörer brauchten Wochen, um ihre Eindrücke zu ordnen.

Der „Vater“

Jones war von unwiderstehlicher Eitelkeit besessen. Seine Helfer färbten ihm die Haare. Einer seiner Leibwächter trug einen Koffer mit Haarfön und Schminkkasten. Seine Country- und Western-Kleidung, nach den Maßstäben San Franciscos kaum der letzten Mode entsprechend, war neu, es waren keine abgelegten Sachen aus zweiter Hand, für die sich zu entscheiden die meisten Kirchenglieder gezwungen wurden.

Wenn der »Vater«, wie Jones immer häufiger genannt wurde,

mit seiner Gemeinde auf Reisen ging, fuhr er mit seinem persönlichen Stab in einem Sonderomnibus, Nummer sieben. Die Klimaanlage dort wurde stets instand gehalten, während man die in den anderen Bussen nicht reparierte, um Geld zu sparen. Jones hatte ein eigens für ihn angefertigtes Heckabteil für sich, komplett ausgerüstet mit Bad, Bett, Kleiderschrank, Kühlschrank und Tresor für die Kirchenspenden. Sein Busquartier war kugelsicher, eine Sicherheitsvorkehrung, die für sich zu behalten den Mitgliedern eingeschärft wurde, aus Furcht, Attentäter könnten sich noch gefährlichere Pläne ausdenken.

Die doppelte Moral, die Jones praktizierte, führte zu albernen Auswüchsen. Er betonte, daß er immer dasselbe Paar Schuhe trage. Als Mike Cartmell jedoch daran ging, seine neue Aufgabe als Schuhputzer bei Jones zu übernehmen, erlebte er eine Überraschung. »Er hatte sechs Paar Schuhe – sechs Paar genau gleiche Schuhe, die alle zusammenpaßten«, sagte er.

Wenn im »Tempel« urplötzlich die Vorräte an Toilettenpapier und Shampoo aufgebraucht waren, gab es jedesmal eine ernste Vermahnung. »Jones ging ans Mikrofon in seinem Zimmer, das an Lautsprecher im ganzen ›Tempel‹ angeschlossen war, und erklärte den Leuten: ›Ich habe kein Toilettenpapier und kein Shampoo. Ich komme so zurecht. Ihr könnt es auch.‹ Aber in seinem Zimmer sah ich eine ganze Batterie von Shampoo-Flaschen, die teuersten Marken, und er hatte unzählige Rollen Toilettenpapier gestapelt«, sagt er.

Ein anderes ehemaliges Mitglied, Deborah Blakey, führt aus, Jones sei auf völlig neue Ideen gekommen, um dem Mangel abzuhelfen. »Die Leute wurden beauftragt, in Tankstellen Toilettenpapier zu stehlen«, gibt sie an.

Familienbande innerhalb der Kirche standen stets unter Jones' direkter Kontrolle. Er befahl die Auflösung von Ehen und sorgte für neue Verbindungen. Viele seiner sechsstündigen Marathon-Predigten befaßten sich mit Sex, und oft wurden Paare in aller Öffentlichkeit aufgefordert, ihre Beziehungen abzubrechen. Häufig bezeichnete Jones sich selbst als die einzige Person, der Sex gestattet sei. Er beklagte sich, daß er erschöpft sei, weil er den Frauen der Kirche, die ihn nicht in Ruhe ließen, immer seine Manneskraft beweisen müsse.

Ehemalige Mitglieder geben an, Jones habe wenig Bedenken gezeigt, sich Frauen in der Kirche für seine Lust auszusuchen. »Er schien hochgewachsene, ganz schlanke weiße Frauen zu bevorzugen«, sagt ein früheres Mitglied.

Maria Katsaris, eine 25jährige schwarzhaarige Schönheit, und eine junge, attraktive Blondine waren Jones' zwei bevorzugte Favoritinnen. Seine Seitensprünge hatten mindestens drei Schwangerschaften zur Folge. Jones reklamierte Grace Stoens sechsjährigen Sohn John Victor als sein leibliches Kind, und die sonderbare Vaterschaftsklage führte zu einem Riesenprozeß, wem das Kind zugesprochen werden sollte. Eine Frau wurde, nachdem sie schwanger geworden war, mit einem zuverlässigen »Tempel«-Mitglied verheiratet. Eine andere ungenannte Frau zog es vor, sich einer Abtreibung zu unterziehen, um nicht Jones' Kind auf die Welt bringen zu müssen.

Jones begnügte sich nicht mit den Frauen aus dem inneren Zirkel seiner Anhänger. Ein männliches Ex-Mitglied erinnert sich, wie er mit 17 Jahren zu Jones eine Beziehung aufnahm, die sich sporadisch über fünf Jahre erstreckte, von 1968 bis 1973. »Wir fuhren über das Wochenende von Redwood Valley nach San Francisco. Er holte mich nach dem Unterricht am Freitag ab, wenn er seine Stunden gegeben hatte«, gibt der Mann an.

Sie wohnten in einem billigen Hotel am Rand des Tenderloin-Bezirks. Jones, der sparsame Landpastor, verlangte sogar Rabatt für »Pfarrer Jim Jones und Sohn« und drückte den Übernachtungspreis auf zwölf Dollar. Die beiden aßen in Cafeterias, besuchten Vorträge im örtlichen Sozialistenhaus und gelegentlich ein Filmtheater.

In den ersten Monaten wiederholten sich diese Ausflüge an jedem Wochenende. Der junge Mann, dessen Eltern sich kurze Zeit zuvor auf Jones' Empfehlung getrennt hatten, erzählte Freunden, Jones helfe ihm, sich über den Zerfall seiner Familie hinwegzutrösten. Jones berichtete seiner Familie dasselbe.

Von seinen Wochenendausflügen kehrte Jones stets so rechtzeitig zurück, daß er seine »Tempel«-Pflichten am Sonntag wahrnehmen konnte. Die Freundschaft lockerte sich jedoch, als Jones beschloß, seine Anhänger regelmäßig von Freitag bis Sonntag zu Versammlungen außerhalb der Stadt zu bringen.

»Ich empfand wirklich Ehrfurcht vor ihm. Er war mehr als ein Vater. Ich hätte meine Eltern für ihn umgebracht«, erklärt der frühere Anhänger.

Jones' männlicher und weiblicher Tempelharem genügte ihm offenbar nicht, denn am 12. Dezember 1973 wurde Jones in Los Angeles festgenommen, weil er sich angeblich in einem Filmtheater einem Lockvogel von der Polizei unzüchtig genähert hatte.

Der Fall wurde bei Jones' gerichtlicher Vorführung wegen unzureichender Beweise eingestellt.

»Es gab andere Männer in der Kirche, mit denen er Beziehungen unterhielt«, berichtet sein früherer Freund. »Ich war nicht der einzige.«

»Jones pflegte zu sagen, der einzig vollkommene Heterosexuelle, den es gebe, sei er. Alle von uns müßten zugeben, daß wir Homosexuelle seien«, bestätigt auch Gerald Parks, ein weiteres ehemaliges Mitglied. »Dann kamen wir dahinter, daß er es war. Er hatte Sex mit Männern. Die Beteiligten prahlten ganz offen damit«, sagt Parks.

Jeannie Mills, Mike Cartmell und Deborah Layton Blakey, drei frühere »Tempel«-Mitglieder, berichten, Jones habe stundenlang von seinen Sexualabenteuern geschwärmt. Männer und Frauen seien bei den öffentlichen Versammlungen gezwungen worden, sich auszuziehen. »Jeder mußte erklären, daß er homosexuell oder lesbisch sei«, sagt Cartmell. »Jones wußte, welche Rolle das Sexuelle bei der Zerstörung stabiler familiärer Beziehungen spielte. In manchen Sekten lebt man wie in einer Kommune zusammen. Im ›Volkstempel‹ machte sich Jones, wie Father Divine, zum einzig legitimen Objekt sexueller Begierde.«

Mills sagt, eine Sekretärin habe Jones' Affären arrangiert. »Sie rief an und sagte: ›Vater tut das ungern, aber er verspürt diesen ungeheuren Drang, und könnten Sie, bitte . . .‹«

Jones empfand den Sex als nützliches Instrument, um seine »Tempel«-Pfarrkinder zu kontrollieren. Paare, die sich für gute Christen hielten, entdeckten, nachdem sie sich ehebrecherisch und homosexuell betätigt hatten, daß sie sich der Erpressung ausgeliefert hatten, und wurden von starken Schuldgefühlen belastet. Aber für Ehepaare hatte Jones oft einen anderen Rat: Enthaltsamkeit. Paare wurden zur Trennung gezwungen und angewiesen, auf jeden Geschlechtsverkehr zu verzichten, weil er böse sei. Mike Cartmell glaubt, Jones habe Männern sogar minderjährige Mädchen angeboten, um sie zu kompromittieren.

Jeannie Mills drückt das am bündigsten aus: »Wenn man wollte, daß Jim einem wirklich vertraute, mußte man sich von ihm bumsen lassen.«

Marceline Jones sei von den Affären ihres Mannes zutiefst verstört gewesen, aber die Sonderbehandlung, die er ihr in Form von Garderobe, besonderen Vorrechten und langatmigen Schmeicheleien habe angedeihen lassen, habe sie beschwichtigt, wie einige der ehemaligen Mitglieder berichten.

Jones richtete ein Ehebüro ein, eine Art kirchlichen Spionagetrupp, der alles regelte, bis hin zum harmlosen Händchenhalten, der Scheidungen erzwang und Eheschließungen durchsetzte, bei denen Jones für die Frau, die er geschwängert hatte, einen Partner aussuchte. Verstieß jemand gegen die Kirchenregeln, wurde etwa ein Schüler dabei ertappt, daß er mit einem Mädchen sprach, das nicht dem »Tempel« angehörte, so wurde er vor die Kirchenversammlung zitiert und mußte sich ausführlich über sein Sexualleben verbreiten.

Bei mindestens einer Gelegenheit in Redwood Valley zwang Jones einen älteren Mann zu oralem Sex mit einer jungen Frau, die ihre Periode hatte.

Bei mehreren Versammlungen in San Francisco verlieh Jones seiner Haltung gegenüber der Homosexualität Ausdruck. »Wie viele von euch sind Punks?« rief Jones, indem er einen Slangausdruck aus dem schwarzen Getto für Homosexuelle gebrauchte. Viele Männer hoben die Hände, obwohl sie nicht den geringsten Grund dazu hatten. Weigerte sich einer, konnte der Betreffende von Jones eigens in die Zange genommen werden. Aber wer die Hand hob, konnte von Jones für ein Sonderlob nach vorn geholt werden, was seine Verlegenheit nur noch steigerte.

Daß der Sex bei Kirchenversammlungen so betont wurde, hatte auch noch einen anderen Zweck. Jones' sieben Adoptivkinder dienten nicht nur dazu, das glückliche Bild eines treusorgenden Pfarrers und Vaters zu unterstreichen. Die Tatsache der Adoption sollte gleichzeitig die natürlichen Bande der Elternschaft innerhalb des »Tempels« lockern und es Jones erleichtern, Familien zu vertauschen. Eltern wurden ermuntert, in Gemeinschaftsheime zu ziehen und ihre Kinder in anderen Einrichtungen des »Tempels« zu lassen. Je weniger persönliche Bindungen es gab, um so stärker dominierte Jones als die einzig bedeutende Figur im Leben eines Gemeindemitglieds.

»Sex war eine der Spezialitäten von Jones, die Leute auseinanderzubringen und sie ganz elend zu machen«, betont Helen Swinney, ein ehemaliges Mitglied.

Drogen

Vielleicht lag es daran, daß er schon frühzeitig mit der Krankheit vertraut wurde, oder auch daran, daß so viele Leute zu seinen Wunderheilungs-Sitzungen strömten, jedenfalls stellte Jones seine eigene Gesundheit extrem in den Vordergrund.

In einer kleinen schwarzen Aktentasche, die ein Leibwächter trug, befand sich eine ganze Apotheke an »Vitaminpillen«, wie Helfer berichten. Ehemalige Mitglieder erzählen, Jones habe aus allen möglichen pharmazeutischen Gründen ständig Pillen geschluckt – um wach zu werden, um wach zu bleiben, um einzuschlafen, um eine Stimmung erträglicher zu gestalten, um Kopfschmerzen zu lindern.

»Jim beklagte sich ständig über seine Gesundheit und darüber, wie viele Krankheiten er durchgemacht habe«, sagt ein Ex-Mitglied.

Jones war völlig besessen, wenn es um den Speiseplan ging, erinnert sich Jeannie Mills. »Wir quetschten uns in den Raum und konnten nicht einmal ins Bad gehen, während Jones in einem dick gepolsterten Sessel saß und Obst und bissenweise Steaks aß, weil er sagte, sein Blutzucker sei zu niedrig, und er brauche Eiweiß, um bei Kräften zu bleiben. Jim pflegte zu sagen: ›Wie könnt ihr euch über irgend etwas beklagen, wenn ich solche Schmerzen aushalten muß? Seht euch an, was Vater für euch tut.‹«

Die Kirche hatte ihr eigenes Schwesternpersonal und einen Arzt, Larry Schacht, den Jones in Mexico hatte studieren lassen. Es fiel Jones leicht, jede Droge zu bekommen, die er haben wollte.

Als ihm der Aufbau der kalifornischen Kirche ernsthaft zu schaffen machte, begann Jones dunkle Brillen zu tragen. Aber die dunklen Brillen verdeckten auch seine Augen, denen die Wirkung seiner Drogenabhängigkeit anzusehen war. Seine Stimmung schlug von herzlichen Umarmungen in hysterische Wutanfälle um, die seine Begleitung ebenfalls auf den ständigen Gebrauch von Pillen und Stimulantien zurückführte.

Waffen

In Redwood Valley begann Jones, sich, teils heimlich und teils offen, mit Waffen zu umgeben. Seine Helfer spazierten in Uniformen auf dem Kirchenparkplatz herum und sprachen von Todesdrohungen und Bomben, die unter den Rädern von Jones' Privatbus entdeckt worden seien.

Die Waffen wurden – von Mitgliedern wie Außenstehenden in gleichem Maße – stets als eine Vorsichtsmaßnahme bezeichnet, mit der Jones sich nur widerwillig einverstanden erklärt habe. Jones hatte seine Leibwächter und den inneren Kreis jedoch gleichzeitig angewiesen, sie sollten sich Genehmigungen für das verborgene Tragen von Waffen besorgen. (Die gesetzlichen Vorschriften in Kalifornien verlangen, daß jeder, der eine Waffe, die dem direkten Blick entzogen ist, tragen oder befördern möchte, eine besondere Genehmigung der Ortspolizei braucht.)

Solche Genehmigungen sind in den meisten Bezirken kaum zu bekommen. In San Francisco gibt es beispielsweise nicht einmal ein halbes Dutzend solcher Genehmigungen, und sie werden gewöhnlich an Personen wie Richter oder Staatsanwälte ausgegeben, die die Rache von Verbrechern fürchten müssen.

Im Bezirk Mendocino gelang es Jones jedoch, mindestens ein Dutzend Genehmigungen zu beschaffen, dem früheren Mitglied Wayne Pietila zufolge, der noch immer einen abgelaufenen Waffenschein dieser Art besitzt, ausgestellt vom Sheriff in Mendocino.

»Wenn wir nach San Francisco oder Los Angeles fuhren, sollten wir an verschiedenen Stellen des Saales stehen, als Leibwächter auftreten und gelegentlich unsere Waffen zeigen«, sagt Pietila. Zu verschiedenen Zeiten verfügte er über einen Magnum-Revolver, Kaliber .357, und ein Repetiergewehr.

»Wir übten mit unseren Waffen«, erklärt Pietila. Jones hatte angeordnet, daß in Höhlen in der Nähe des »Tempels« von Redwood Valley Ersatzlager angelegt wurden. Auf seinem Podium hatte er stets in Griffweite eine .38er Pistole liegen. Visionen von einer atomaren Katastrophe verblaßten vor einer neuen, unmittelbaren Bedrohung – einem Rassenkrieg, in dem die an der Macht befindlichen Weißen zu Faschisten werden und die Farbigen Amerikas in Konzentrationslager nach deutschem Muster verfrachten würden. Die Kirche müsse zum Kampf bereit sein, drängte Jones seine Anhänger.

Pietilas stämmiger Körper und sein volles Gesicht hatten eine gewisse Ähnlichkeit mit Jones. Bei einer Fahrt im Sommer 1974 durch Texas verfiel Jones in einen seiner Angstzustände. Er befahl Pietila, einen Talar anzuziehen, eine dunkle Brille aufzusetzen und sich zudem die Haare schwarz färben zu lassen – er sollte praktisch Jones' Doppelgänger spielen. Pietila sollte, umgeben von Jones' vertrautem Gefolge, immer als erster die Versammlungsräume betreten. Auf diese Weise würden die lauernden Attentäter zunächst auf Pietila feuern, meinte Jones. Die »Tempel«-Wachen könnten dann die Schützen ausmachen und sie festnehmen.

Lena Pietila, ein ehemaliges Sektenmitglied *(San Francisco Chronicle)*

»Und wenn ich nun erschossen werde?« wollte Pietila wissen.

»Keine Sorge, ich weiß Ihre Hingabe zu schätzen«, erwiderte Jones.

Jones bestellte überdies Uniformen für die »Tempel«-Mitglieder. Rote Hemden, schwarze Schlipse und schwarze Hosen für die Männer, rote Blusen und lange, schwarze Röcke für die Frauen. Sie wurden bei besonderen, nur für die Mitglieder gedachten Gottesdienste in San Francisco und Redwood Valley getragen.

Die meisten ehemaligen Mitglieder vermuten, daß Jones im »Tempel« von San Francisco ein geheimes Waffenlager besaß, aber es wurde nie gefunden.

Die »Tempel«-Hierarchie

An der Spitze des Kirchenreichs stand natürlich Jones, dessen Herrschaft unanfechtbar war. Es kam nicht vor, daß das Direktorium je gegen ihn stimmte; ebensowenig konnte jemand erwarten, daß er Jones von einem Plan abzubringen vermochte, den sich der »Vater« in den Kopf gesetzt hatte.

Umgeben war er von bis zu zwanzig engen Beratern, von denen die Mehrzahl weiße Frauen waren. Unter dieser zweiten Ebene existierte eine dritte, die Planungskommission, bestehend aus etwa hundert Personen. Innerhalb dieser letzten Gruppe hatte sich ein Elitekreis von ungefähr einem Dutzend »Sekretären« und »Beratern« herauskristallisiert. Obwohl die Kirche zu 70 bis 80 Prozent aus Farbigen bestand, waren vermutlich zwei Drittel der oberen Ränge mit Weißen besetzt.

»PK«-Sitzungen, Sitzungen der Planungskommission, waren das Herz der »Tempel«-Geschäfte und Strategiebesprechungen. Jones leitete die abendlichen Veranstaltungen von seinem Podium aus. Anfang der siebziger Jahre dehnten sie sich zu nächtelangen Marathonsitzungen aus.

Die Themen solcher Zusammenkünfte waren praktisch unbegrenzt. Gern redete man über Fragen wie: Wie behandelt man einen aufdringlichen Pressereporter? Wie wird der Nachschub für die Mission in Guayana sichergestellt? Wie viele Leute könnten am nächsten Wochenende nach Los Angeles fahren?

Jones verbrachte seine Zeit bei solchen Zusammenkünften meist damit, »Katharsis«- Sitzungen zu leiten, lange Zwischenspiele, bei denen die PK-Mitglieder sich »zu stellen« hatten. Das heißt, irgendein Mitglied der Planungskommission mußte sich einer strapaziösen emotionellen Analyse durch die anderen unterziehen. Weshalb tragen Sie diese neue Sachen, wenn Millionen Menschen am Verhungern sind? Trifft es nicht zu, daß Sie mit der Frau eines anderen Mannes schlafen wollen? Geben Sie es zu! Wie kann sich jemand darüber beklagen, nach der Tagesarbeit bis zum Morgengrauen tätig sein zu müssen, wenn Vater für uns alle solche Schmerzen erträgt?

Wenn Jones auf ein Gemeindeglied besonders wütend war, griff er sich an die Brust und schrie, er habe einen Herzanfall. »Tempel«-Schwestern halfen ihm hinaus. Einige Minuten später kam er dann zurück, um dem gedemütigten Sünder gegenüberzutreten. »Die Leute glaubten, er hätte wirklich einen Herzanfall gehabt«, sagt Ex-Mitglied Mike Cartmell. »Ich jedenfalls glaubte ihm.«

In San Francisco ließ Jones die Mitglieder seiner Planungskommission an einer Mutprobe teilnehmen. Er gab jedem ein Glas Wein und forderte ihn auf, es zu leeren, obwohl Alkohol verboten war. Nachdem sie gehorcht hatten, erklärte Jones ihnen, es sei Gift gewesen, und in fünfundvierzig Minuten seien sie alle tot. Aber nachdem die Zeit abgelaufen war, sagte Jones, sie sollten sich keine Sorgen machen. Er wolle nur ihren Glauben prüfen. »Es ist mir zuwider, daß ich so etwas tun muß«, erklärte er seinen erleichterten Anhängern.

Jones döste häufig ein oder nahm einen Imbiß zu sich, während seine Helfer lange Befragungen durchführten. Wenn jedoch ein anderer auch nur gähnte oder abgelenkt zu sein schien, wurde es Zeit für ein neuerliches Verhör. Der Druck ließ nie nach. Die Beteiligten wußten nie, was sie erwartete.

»Aber jeder achtete darauf, die anderen in der Kirche im Auge zu behalten«, sagt Grace Stoen, die mehrere Jahre als Chefberaterin diente, was schlicht Chefspionin bedeutete. »Ich hatte den Auftrag, eine allgemeine Stimmung zu erforschen.«

»Wenn dein Name aufgerufen wurde, schrien die Leute: ›Komm nach vorn!‹ und fluchten. Es war entsetzlich«, sagt Garrett Lambrev, ehemaliges Mitglied. »Jeder, mit dem man verwandt war, mußte ebenfalls nach vorn laufen und einen anklagen. Sich zu verteidigen, war ein großes Verbrechen.«

Die PK-Konferenzen erstreckten sich später über die ganze Woche, nachdem sie zunächst nur Mittwoch abends stattgefunden hatten. Jeanette Kerns-Hooman, die, während sie Anfang der siebziger Jahre das Santa Rosa Community College besuchte, in einem Heim des »Tempels« wohnte, nahm montags, dienstags und donnerstags abends an solchen Zusammenkünften teil. Am Mittwochabend fuhren sie und die anderen Collegestudenten nach Ukiah zu einer »Tempel«-Versammlung. Jedes zweite Wochenende fuhren sie mit der Kirche im Omnibus nach Los Angeles. Dieser Zeitplan, zusammen mit ihren Vorlesungen und ihrer Teilzeitbeschäftigung, ließ ihr pro Nacht etwa drei Stunden Schlaf.

»Man schlief, sobald man irgendwann eine halbe Stunde erübrigen konnte. Es gab kaum eine Nacht, in der man allein war«, sagt Grace Stoen.

Mißhandlungen

Sitzungen der Planungskommission ebenso wie allgemeine kirchliche Zusammenkünfte gaben auch die Gelegenheit für Disziplinarmaßnahmen ab, die über verbale Züchtigungen weit hinausgingen. Prügel waren besonders beliebt. Wenn ein Mitglied zur körperlichen Züchtigung aufgerufen wurde, leitete stets Jones die Sitzung, wenngleich er die Prügel selten selbst verabreichte.

Während der ersten Jahre in Redwood Valley waren die Zusammenkünfte fast familiärer Natur gewesen. Ein ungezogenes Kind bekam Hiebe auf den Po, ein Mitglied, das seine Aufgaben nicht erfüllte, erhielt vom »Vater« eine strenge Rüge. Aber Anfang der siebziger Jahre nahmen die Sitzungen eine brutale

Wendung, als Jones sich wachsende Sorgen um »Verräter« und Abtrünnige in seiner Kirche machte.

Kinder wurden mit einem dünnen Brett geschlagen. Das ehemalige Mitglied Mike Cartmell gibt an, ein Kind habe geschrien, bis es ohnmächtig geworden sei. Ein anderes kleines Mädchen, Linda Mertle, wurde verprügelt, »bis ihr Gesäß aussah wie Hackfleisch«, berichtet ihr Vater Al Mills. Er und seine Frau Jeannie änderten vor zwei Jahren ihre Namen, um jede Verbindung zu ihrem früheren Leben im »Tempel« zu löschen.

Jones stand abseits, wenn die Prügel auf der Bühne verabreicht wurden, und zählte manchmal die Schläge mit. Danach hinkte das Opfer auf Jones zu und murmelte: »Danke, Vater«, in ein Mikrofon, das Jones ihm hinhielt.

Außerdem gab es »Boxkämpfe«. Ein Sünder – männlich oder weiblich – mußte gegen größere und kräftigere Gegner antreten. Manchmal hatte der unglückliche Sünder auch gegen drei oder vier Gegner gleichzeitig zu kämpfen. Ein andermal boxten der Reihe nach größere Gegner gegen einen einzelnen, bis der in blutiger Erschöpfung zusammenbrach. »Tempel«-Schwestern waren zur Stelle, um Erste Hilfe zu leisten. War der oder die Bestrafte unter 18 Jahre alt, mußten die Eltern vor der Exekution schriftlich ihr Einverständnis erklären.

Es ging auch die Rede von einem »blauäugigen« Dämon, einem Gerät, das niemand zu Gesicht bekommen durfte. Es wurde hauptsächlich bei kleineren Kindern in der Kirche angewendet, die sich etwas hatten zuschulden kommen lassen. Jones unterbrach PK-Sitzungen, um die Namen der zur Bestrafung vorgesehenen Kinder aufzurufen und sie im »Tempel« von San Francisco von der Bühne zu führen, während die anderen Teilnehmer warteten. Jones brachte die Kinder zum Kirchen-Krankenrevier, wo er »Tempel«-Schwestern anwies, entweder einen elektrischen Viehtreiberstock oder einen Herzdefibrillator anzuwenden, um den Kindern elektrische Schläge zu versetzen.

Es gab nie einen anderen Laut als das Schreien der Kinder, erinnert sich eine Frau. Wenn die Kinder schluchzend zurückkamen, wiederholten sie gewöhnlich immer wieder: »Danke, Vater! Danke, Vater!« berichtet dasselbe Mitglied.

Erwachsene, die nicht geprügelt wurden, sahen sich vor andere Proben gestellt. Blätter, auf denen stand, daß das unterzeichnende Mitglied des »Volkstempels« gegen die US-Regierung konspiriert, an einer Sprengung in einem Rangierbahnhof teilgenommen oder seine Kinder zur Unzucht gezwungen habe, wurden in Umlauf gebracht. Die Mitglieder wurden aufgefordert, diese aus den Fingern gesogenen Behauptungen über sich selbst zu unterschreiben. Das sei eine Probe ihrer Liebe zu Jones, eine Prüfung ihrer Treue. Nachdem sie Erklärungen unterschrieben hatten, wurden die Mitglieder davor gewarnt, aus der Kirche auszutreten. Wenn sie es täten, werde Jones die Erklärungen an Familienangehörige oder Behörden weitergeben.

Wunderheilungen

Es war Marcelines Aufgabe, jede Woche die Hühnerteile vorzubereiten. Sie mußte sie liegen lassen, damit sie verfaulten, bis sie zum Himmel stanken. Dann verpackte sie sie in Cellophan und schob sie, in Papierservietten gewickelt, in ihre Handtasche.

Die Aufgabe ihres Mannes war es, während einer den ganzen Tag dauernden Zusammenkunft bis zum richtigen Augenblick zu warten. Seine Helfer hatten ihm bereits mitgeteilt, welche älteren Frauen in der Menge an Magen- oder Halsleiden erkrankt waren. Wenn Musik, Gesang und Predigt die Menge zum Kochen gebracht hatten, stellte einer von Jones' Helfer ein, zwei Fragen über die Aussichten, von Krankheiten geheilt zu werden, sofern man nur fest daran glaube.

Marceline Jones *(San Francisco Chronicle)*

Das Predigen und Beten und Fragen mochte noch einige Minuten weitergehen, bis die von den Helfern ausgesuchte Frau sich vor Sorge wand. Würde Jones ihr helfen?

Schließlich pflegte Jones nach Freiwilligen zu rufen. Die Frau, auf ihrem Sitz hin- und herrutschend, streckte die Hand in die Höhe und schrie nach »Vater«.

Während rauschende Musik den Saal erfüllte, wies Jones seine Frau an, das Opfer in einer Damentoilette beiseite zu nehmen.

Marceline griff in ihre Handtasche und zog eine Papierserviette heraus, in der die drei Tage alte Hühnerleber lag. Anschließend befahl sie der zitternden alten Frau, sich hinzusetzen, und schloß die Toilettentür. Dann griff Marceline mit der Serviette unter die kranke Frau und zog die Hand mit dem glänzenden, stinkenden »Krebs« zurück. Darauf kehrten die beiden Frauen in den Saal zurück, wo Marceline das verfaulende Fleisch hochzuheben pflegte. Die zitternde alte Frau, deren Ohren vom Beifall dröhnten, war der Mittelpunkt aller Aufmerksamkeit. Jones hatte sie gerettet. Aussehen und Geruch des bösartigen »Tumorklumpens«, den Jones nun hochhielt, waren unverwechselbar. Die Frau durfte sich als Mitglied des »Volkstempels« betrachten. Sie schuldete ihr Leben Jones, ein Leben, für das ein Arzt in Oakland oder Compton nie so viel hatte tun können.

Es gab andere Tricks beim Gesundbeten, berichten frühere Mitglieder. Junge Helferinnen, mit grauen Perücken, dunklen Brillen und geschminkter Haut verkleidet, täuschten schwere Leiden vor. Jones umarmte sie oder berührte ihre steifen Gliedmaßen und ließ sie vor den Augen der Zuschauer gesunden. Die Frauen – mit Jones' Hilfe auf wundersame Weise wieder vollkommen gesund – liefen dann zum Hinterausgang, bevor irgendeiner der neugierigen Besucher sie näher in Augenschein nehmen konnte.

Jones hatte für solche Aufgaben eine Spezialtruppe zuverlässiger Helfer. »Einmal mußte ich in Seattle auf die Bühne und haarklein erzählen, wie Jim mich vom Heroin gerettet hatte«, sagt Jim Cobb. »Ich war gar nicht schlecht, wenn man bedenkt, daß ich erst fünf Minuten vorher den Auftrag bekommen hatte«, erinnert er sich.

Die Kollekten nach einer Wunderheilung waren gewöhnlich besonders ertragreich. »Jim versprach stets, daß niemand je sterben würde, wenn er beiträte«, sagt ein Ex-Mitglied. »Und so viele brave, alte Leute glaubten ihm!«

Motivationen für den Eintritt

Jedes ehemalige Mitglied kann sich genau an den Tag erinnern, an dem er oder sie fluchtartig die Kirche verlassen hat. Grace Stoen entsinnt sich, weggelaufen zu sein, am Strand des Tahoe-Sees gesessen und die Zehen in den Sand gebohrt zu haben. Das Wetter, das Fahrzeug, das sie benutzt hat, die Freunde auf der Sitzbank, der Ort, wo sie die erste Nacht verbracht hat – all das gehört zu den Erinnerungen, die sich ihr unvergeßlich eingeprägt haben.

Auch die Gründe, die jeweils den letzten Anstoß zur Flucht gegeben haben, sind noch immer sehr lebendig. Das Ehepaar Mills erinnert sich, wie ihre 16jährige Tochter geschlagen wurde, bis »ihr Gesäß wie Hackfleisch aussah«. Laura Cornelious entsinnt sich, wie Jones eine ältere Freundin von ihr quälte, die sich vor Schlangen fürchtete. »Viola ... sie war schon ziemlich alt, über achtzig, und sie hatte solche Angst vor Schlangen. Er hielt die Schlange ganz nah an ihre Brust, und sie saß nur da und kreischte. Aber er nahm sie nicht weg.«

Die Erinnerung daran, warum und wann jemand in Jones' Kirche eingetreten ist, ist dagegen viel schwächer. Es ist eben peinlich, sich ins Gedächtnis zu rufen, warum und wie man sich hat anführen lassen.

Wenn ehemalige Mitglieder schließlich doch darüber sprechen, klingen die Gründe ganz klar und schlicht. Jones war ein freundlicher Prediger, eine gute Seele mit sanfter Baritonstimme, der zu den alten Damen »Dear« sagte und beim Zuhören nickte.

Über seine Landpfarrermanieren hinaus gab es sein Versprechen von einer Neuen Welt, auf die man hinarbeiten konnte. »Er setzte sich so für alles Humanitäre ein. Die Menschen bedeuteten ihm wirklich etwas, und er tat alles, um ihnen zu helfen«, sagt Jackie Swinney.

Das Paradies, das Jones verkündete, war besonders verlokkend für die Armen und die untere Mittelschicht. Das Gelobte Land, wo der »Tempel« für alles sorgte, ließ sie vergessen, daß sie ihre Miete bezahlen mußten und die Lebensmittelpreise stiegen. Es war ein Traum, der all jene anlockte, die die Wirklichkeit vergessen wollten, so daß sie ihre erbärmlichen Stellungen aufgaben, um nur noch für die Kirche zu arbeiten.

Andere lockte Jones' Versprechen, sie von ihren unheilbaren Krankheiten zu erlösen. Eine ältere Frau oder ein älterer Mann, die kaum das medizinische Gefasel verstehen konnten, das ein vielbeschäftigter Arzt von sich gab, wurden von dem geduldigen, fürsorglichen Jones getröstet. Die euphorische Wirkung eines Gottesdienstes im »Volkstempel« am Sonntagvormittag glich sehr den konservativen Gospelgesang-Kirchen im Süden und Mittleren Westen, wo viele der älteren Mitglieder aufgewachsen waren.

Ein weiterer Grund zum Beitritt mag in der Einfachheit des täglichen Lebens im »Tempel« liegen. Kirchenmitglieder, denen man ihr Geld, ihr Privatleben und ihre Freunde genommen hatte, brauchten nur Jones' Befehlen zu folgen. Familien, die mit der Kirche aus Indiana gekommen waren, rückten mit der Zeit näher an Jones heran, und ihr Kontakt mit der Außenwelt wurde noch schwächer.

Schließlich war da Jones' Persönlichkeit. »Er konnte meisterhaft manipulieren«, untertreibt Ex-Mitglied Walt Jones. Jim Jones' sprunghafter Charakter, im einen Augenblick voller Verheißung, im nächsten verderbt und von Selbstmitleid erfüllt, war einfach überwältigend.

Politik

Jones fand das Rampenlicht der Politik unwiderstehlich. Er war in Indianapolis auf einen wichtigen Verwaltungsposten berufen worden (in der Menschenrechtskommission), genauso in Redwood Valley (Sprecher des Großen Schwurgerichts von Mendocino) und in San Francisco (Vorsitzender der Wohnungsbaukommission). Seine Reden von humanitären Zielen und die Energie vieler seiner jungen Anhänger drängten die Kirche ganz von selbst in eine solche Bahn.

Obwohl zur Politik hingezogen, wollte Jones auch, daß Politiker sich für ihn interessierten. Ihn reizte das riskante Spiel, die Einflußreichen für sich zu gewinnen zu versuchen, ohne unangenehme Aufmerksamkeit zu erregen. Der Grund dafür war einfach: Die Politik lieferte ihm eine gute Plattform für seine Bestrebungen. Sie bot ihm eine weitere, alle Kräfte beanspruchende Aufgabe, die seine »Tempel«-Mitglieder übernehmen konnten.

Es gab stets Briefe zu schreiben. Es bedurfte nur der richtigen Hände dazu. Eine ständige Gruppe von zehn bis zwanzig jungen Leuten übernahm das, geleitet von Richard Tropp, ehemals Professor vom Santa Rosa Junior College in der Nähe von Ukiah. Die Mannschaft arbeitete von einem besonderen »Schreibhaus« aus, wo es stapelweise Briefpapier gab, Umschläge, Füllfederhalter und Briefmarken.

»Jeden Mittwochabend wurden Briefe geschrieben«, sagt Ruth Kerns aus, vier Jahre lang Mitglied. »Wenn es sich um eine wichtige Frage handelte, gab es noch einen zweiten Briefabend. Wir arbeiteten etwa sechs Stunden lang. Jeder von uns schrieb Hunderte von Briefen zu einer bestimmten Frage.«

Das ehemalige Mitglied Jim Cobb erinnert sich eines bestimmten Feldzugs, an dem Jones Gefallen fand. »Als Nixon G. Harrold Carswell für den US-Supreme Court benannte, schrieb ich einen Stapel Briefe, die sich gegen Carswell aussprachen, und die anderen taten dasselbe.

Man sagte uns, wir sollten verschiedene Stifte, unterschiedliches Papier und verschiedene Umschläge verwenden, hier kleine und dort große Schriftzüge machen. Wir blätterten in Telefonbüchern und nahmen hier einen Vor- und dort einen Nachnamen, um falsche Namen zu erfinden.«

Briefschreiber wurden rechtzeitig über die Haltung des »Tempels« unterrichtet und erhielten eine Liste von Formelsätzen, die sie abwandeln konnten. Jeder Brief wurde von Tropp oder einem Gehilfen geprüft. War er ungenügend, hatte der Verfasser einen neuen zu schreiben. Die fertigen Briefe wurden von Mitgliedern in verschiedene Städte gebracht, manchmal außerhalb des Bundesstaats, und nacheinander zur Post gegeben. Auf diese Weise hielt die Wirkung tagelang an, und gleichzeitig wurde die gemeinsame Quelle vertuscht.

Ein typischer Feldzug war der Kampf gegen das Senatsgesetz Nr. 1, eine Abwandlung des amerikanischen Strafrechts, das von der Nixon-Administration unterstützt, aber von den Bürgerrechts-Organisationen und anderen liberalen Interessenverbänden bekämpft wurde.

Tropp rief seine Autoren zusammen und verteilte ein Blatt mit zwölf Schemabriefen gegen das Senatsgesetz Nr. 1.

Ein Beispiel: »Bitte, machen Sie dieser versteckten, heimtückischen Bedrohung unserer Nation ein Ende.« In einem anderen Brief hieß es: »Wenn das Senatsgesetz Nr. 1 vor drei Jahren geltendes Recht gewesen wäre, hätten wir immer noch den Quasi-Polizeistaat wie unter Nixon. Beabsichtigen Sie wirklich, ein Gesetz zu verabschieden, das ein perfektes Polizeiinstrument für einen Demagogen oder einen Diktator wäre?«

Die »Tempel«-Mannschaft sollte an die Mitglieder des Rechtsausschusses im Senat schreiben. »Ihr schreibt eure Briefe, laßt

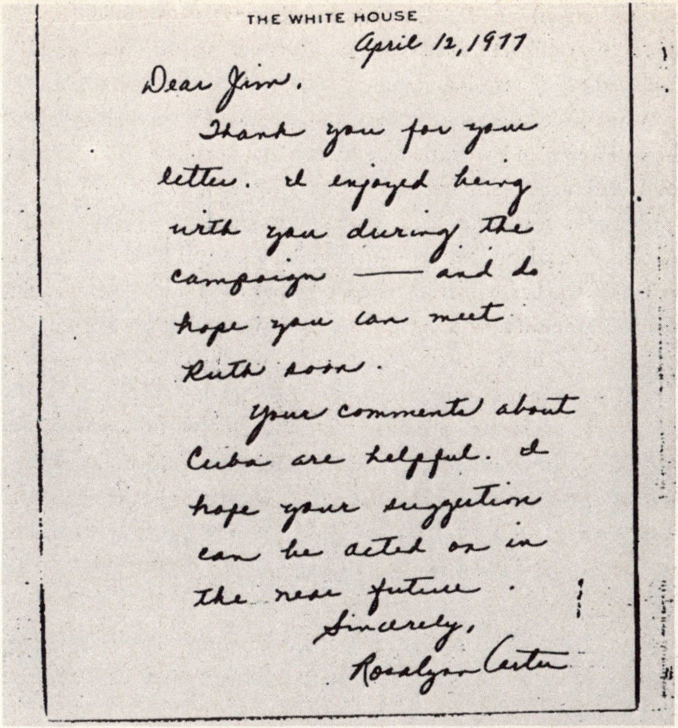

THE WHITE HOUSE

April 12, 1977

Dear Jim,

Thank you for your letter. I enjoyed being with you during the campaign — and do hope you can meet Ruth soon.

Your comments about Cuba are helpful. I hope your suggestion can be acted on in the near future.

Sincerely,

Rosalynn Carter

THE WHITE HOUSE

Only you can PREVENT FOREST FIRES

Reverend Jim Jones
Peoples Temple of the Disciples of Christ
P. O. Box 15304
San Francisco, California 94115

Rosalynn Carter an Jim Jones: »Lieber Jim, vielen Dank für Ihren Brief. Ich habe mich sehr über unser Treffen während des Wahlkampfes gefreut und hoffe, daß Sie bald einmal Ruth (Carter-Stapleton, die Schwester des Präsidenten) kennenlernen können. *(dpa)* sie prüfen, und schreibt einen an jeden der fünfzehn oben genannten Senatoren ...« lautete die Anweisung.

Wurden größere Kampagnen gestartet, für die Jones sich persönlich einsetzte, etwa Presserecherchen zu unterbinden oder die Nominierung Carswells zu verhindern, schlossen sich fast alle Kirchenangehörigen der Schreibgruppe an.

Ferner wurden Briefe zu praktischen Fragen an Politiker geschrieben, an öffentliche Würdenträger, an Witwen getöteter Polizeibeamter und neue Eltern, um von den guten Werken des »Tempels« und seines humanitär gesinnten Leiters zu berichten.

»Alle waren beteiligt, sogar jene, die kaum schreiben konnten«, sagt Garrett Lambrev, ein früheres Mitglied. »Wenn es um Opposition ging, etwa gegen einen nachteiligen Zeitungsartikel, wurden alle mobilisiert. Im allgemeinen schrieben wir jedoch an jeden, der in Zukunft für uns von Nutzen sein konnte, als Referenz oder wie auch immer – von einem Richter in Missoula, Montana, bis zu einem Ökologen.

Das Ziel bestand darin, ein Glückwunschschreiben oder -telegramm zu erhalten und für künftige Zwecke aufzubewahren«, fügt Lambrev hinzu.

Die Antwortbriefe wurden in einem Aktenordner gesammelt und dazu benutzt, Politiker und andere Besucher zu beeindrukken, die mit dem »Tempel«, seinen Programmen und Jim Jones nicht vertraut waren.

Aber sosehr Jones sich auch Mühe gab, einen engeren Kontakt zu führenden Politikern zu knüpfen, vertraute er in Wirklichkeit keinem einzigen. Er und seine Helfer schrieben die herzlichsten Briefe, riefen an, um zu den kleinsten Erfolgen zu gratulieren, und führten endlose Besichtigungen des »Tempels« von San Francisco mit seinem Gewimmel menschenfreundlicher Aktivitäten durch. Aber Jones nahm auch zu kleinen Tricks Zuflucht, wenn er glaubte, damit seine politischen Bekannten kompromittieren zu können.

Al Mills, früher offizieller Kirchen-Fotograf, sagt, Jones habe versucht, ihm nahestehende Politiker in die Falle zu locken, wenn die Zeit für den Schnappschuß vom obligatorischen Händedruck kam. »Wenn es sich um jemanden handelte, den Jones kompromittieren wollte, ließ er eine Gruppe von Mitgliedern hinter dem Podium Aufstellung nehmen. Auf einen Wink hin hoben sie die geballten Fäuste, und ich machte die Aufnahme«, berichtet Mills. »Sie sahen aus wie Revolutionäre. Er wollte die Bilder nur aufbewahren, für den Fall, daß sich irgendein Politiker einmal gegen ihn stellen sollte.« Es gebe jedoch keine Hinweise darauf, daß Jones solche Pläne je verwirklicht hätte, erklärt Mills.

Die Rundgänge durch die potemkinschen Dörfer wurden ausschließlich von Kirchenmitgliedern angeführt, die ihre Rolle genau studiert hatten, die geborgte Kleidung trugen, um dem gewünschten Bild zu entsprechen, und die gründlich geschult worden waren. Danach wurden die ihre Aufwartung machenden Funktionäre angeblich geheilten Heroinsüchtigen vorgestellt, gesundeten Invaliden und hartgesottenen Streunern, die sich glücklich schätzten, an Jones' reichgedecktem Tisch eine anständige Mahlzeit zu bekommen.

Verlief ein Besuch erfolgreich und der Besucher verabschiedete sich sichtlich beeindruckt, schlüpfte Jones in eine neue Rolle. Jones stellte sich vor die Gemeinde und verhöhnte den Fremden, ahmte seine Stimme nach, wiederholte die Fragen, die er gestellt hatte, und lachte darüber, wie die weiblichen Besucher sich vielsagend an ihn gedrückt hätten.

Während der Wahlfeldzüge achtete Jones in der Regel darauf, die Zahl der Mitglieder zu beschränken, die an Telefoneinsätzen oder Versammlungen teilnahmen. Nur selten gestattete er, daß eine Spende direkt an einen Kandidaten ging, weil er sich der

Probleme bewußt war, die ein solches Geschenk bei den Steuerbeamten auslösen mochte. Denn wenn sich eine gemeinnützige Organisation oder eine Kirche politisch engagierte, konnte das einen Verlust der Steuerbefreiung zur Folge haben. Und dann hätte die Kirche ihre Finanzen offenlegen müssen – ein Schritt mit nicht zu übersehenden Folgen.

So blieben die Spenden klein. Richard Tropp, der die Briefschreiber leitete, schickte einen Scheck über 500 Dollar an ein Komitee, das einen zur Abstimmung anstehenden Vorschlag bekämpfte, wonach sich Bürgermeister George Moscone, einer von Jones' Favoriten, in einer besonderen Wahl mitten während seiner Amtszeit noch einmal hätte zur Wahl stellen müssen. Die Kirche überwies 250 Dollar an das Moscone Dinner Committee, einen Sonderfonds, errichtet für die Deckung von Amtseinführungs- und Bürounkosten.

Wenn großes Geld also nicht in Frage kam, so waren die Politiker doch stets dankbar für die Truppen, die Jones ihnen zu stellen vermochte.

Es gab viele Versammlungen, wie sie für Rosalynn Carter organisiert worden war, wo die Jones-Anhänger erheblich ins Gewicht fielen. Zusätzlich klapperten sie einzelne Stimmbezirke ab, klopften geduldig an Türen und hängten Wahlzettel an Briefkästen. Die jüngeren Leute waren für den Telefondienst in den Wahlzentren begehrt. Linda Mertle erinnert sich, daß sie bei einer Vorwahl für den kalifornischen Senat angewiesen wurde, sich im Wahllokal des Kandidaten Fred Furth zu melden.

»Bevor wir zur Schule gingen, hieß es, wir müßten nach dem Unterricht in der Zentrale Telefondienst machen. Wir gingen gewöhnlich zu zwölft und waren sechs- oder siebenmal dort.«

Ein anderer Mitarbeiter Furths gibt an, der »Tempel« habe für die Aufgabe, die Wähler an die Maschinen zu bringen, ungefähr hundert Leute gestellt und für Wohltätigkeitsveranstaltungen und andere Zwecke zwischen zwei- und dreihundert.

Wenn ihn die Reporter nicht hören konnten, war Jim Jones alles andere denn ein hochherziger Verteidiger der Presserechte. Die Presse, erklärte er seinen Helfern gegenüber, gehöre zu seinen schlimmsten Feinden. Er brachte Stunden damit zu, sich auszudenken, wie er lästigen Reportern ausweichen oder potentiellen Freunden schmeicheln konnte.

Nach seinen Erfahrungen mit den skeptischen Kinsolving-Berichten im *San Francisco Examiner* 1972 war Jones entschlossen, Reportern in seinem »Tempel« nie mehr freien Lauf zu lassen. Von jetzt an, so schwor sich Jones, würde er die Medien hofieren und mögliche Schwierigkeiten abbiegen, bevor sie sich erst richtig entwickeln konnten.

Seine erste Maßnahme war eine publikumswirksame Schenkung aus Mitteln der Kirche. Neben den direkten Zuschüssen an Zeitungen und Nachrichtenmagazine, die er 1973 verteilte, gab es andere Gesten wie die Spende von 2000 Dollar für den Patricia-Hearst-Lösegeldfonds, von 500 Dollar an die Familie eines getöteten Autobahnpolizisten und von 20 000 Dollar als Kaution für die Frau von Dennis Banks, dem Führer der amerikanischen Indianerbewegung. All das brachte Jones gute Schlagzeilen ein.

Die bemerkenswerteste Geschichte in Jones' sorgfältig ausgearbeiteten Plänen war jedoch die Entscheidung vom September 1976, tausend Mitglieder mit Bussen nach Fresno zu befördern, wo sie gegen die Inhaftierung von vier Journalisten der *Fresno Bee* demonstrierten. Die Journalisten hatten sich geweigert, ihre Quellen preiszugeben.

Ein Reporter der *Associated Press* erinnert sich, nach der Demonstration in Fresno zum »Tempel« geschickt worden zu sein, um für einen Artikel über »diese unglaubliche Gruppierung« zu

Pfarrer Jim Jones (mit Plakat) an der Spitze einer Demonstration für vier in Haft genommene Journalisten in Fresno *(Wide World Photos)*

recherchieren, »die bis nach Fresno fährt, um dort zu demonstrieren«.

Jones bat darum, nicht über seine Kirche und ihre Arbeit reden zu müssen, sondern zog es vor, sich nur über seinen Respekt vor der Presse zu äußern. »Das Ganze war recht schmeichelhaft, aber die Tatsache, daß er während des Gesprächs an die zehn Leute mit im Zimmer hatte, störte mich. Er wirkte sehr fürsorglich«, erklärt der Reporter. Der Artikel beschränkte sich auf eine harmlose Auflistung der guten Taten des »Tempels«, ergänzt um einige inspirierte Bemerkungen aus Jones' Mund.

Jones schmeichelte den Medien nicht nur mit Preisen und Demonstranten, er probte auch seine Auftritte vor Reportern sehr gründlich.

Als die *Chronicle*-Reporterin Julie Smith 1976 den »Tempel« besuchen sollte, um Jones zu interviewen, befahl Jones, Topfpflanzen aufzustellen, weil er wußte, daß die Journalistin Pflanzen sehr liebte. Er und seine Helfer hatten einer ausgesuchten Gruppe von Mitgliedern Anweisung gegeben, Julie Smith zu ihren früheren Artikeln zu beglückwünschen und während der ganzen Zeit in ihrer Nähe zu bleiben.

Nach dem Interview verfiel Jones darauf, Mrs. Smith spät nachts zu Hause anzurufen, um lange, weitschweifige Gespräche mit ihr zu führen. Er deutete an, wie sie besser und gerechter über ihn schreiben könnte. Jones' Stab schickte Mrs. Smith dreißig Briefe, die eine gerechte Behandlung verlangten. Als der letzte Artikel erschien, erneut ein harmloser, schmeichelhafter Bericht, wurde die Journalistin mit 300 Briefen überschüttet, die sich auf ihrem Schreibtisch in der Redaktion zu ganzen Bergen stapelten.

In den fünf Jahren zwischen 1972 und 1977 waren die einzigen Artikel, die in der Presse über den »Volkstempel« erschienen, Berichte über die Großzügigkeit der Kirche und Jim Jones'. Journalisten, die die Zentrale am Geary Boulevard betreten durften, bekamen nur zu sehen, was die Kirche ihnen zeigen wollte, nicht mehr.

Wie die liberalen Politiker der Demokratischen Partei, um die Jones sich besonders bemühte, genossen auch Reporter und Redakteure seine spezielle Aufmerksamkeit.

Eine Journalistin, die ihren Namen nicht genannt haben möchte, beschreibt, wie man sich fühlte, wenn man den »Tempel« im Auftrag der Redaktion besuchte, um als überzeugte Anhängerin von Jones und seinen Aktivitäten wieder herauszukommen.

»Er lud mich nach dem Gottesdienst in sein Büro ein, und wir unterhielten uns bis 3 Uhr morgens über eine Reihe von sozialen Problemen und allgemeine geistige Fragen«, berichtet die Reporterin. »Ich war sehr beeindruckt von dem, was im ›Volkstempel‹ geleistet wurde. Das war radikales Christentum.«

Wie viele andere Journalisten wurde die Reporterin von den Bemühungen des »Tempels« gefesselt, Armut, Drogenmißbrauch. Alkoholismus und Rassismus zu bekämpfen. Nach dem ersten Besuch gab es weitere Besuche und Telefongespräche – viele, viele Telefongespräche.

»Jim rief oft spät in der Nacht an und wollte sich unterhalten. Er schlief nicht viel, und wir sprachen Stunden und Stunden miteinander. Mich spornte das sehr an«, sagt sie.

Schließlich lenkte Jones das Gespräch in eine andere Richtung. Er wollte erfahren, was die Journalistin von einem Kollegen hielte, der im »Tempel« um ein Interview nachgesucht hatte. Jones wollte sich nach Marshall Kilduff vom *San Francisco Chronicle* erkundigen, der sich mit den Aktivitäten der Kirche befaßte.

»Jim fragte mich, was für einen Artikel Marshall schreiben würde«, erinnert sich die Reporterin. »Ich sagte ihm, er solle ganz ruhig sein und einfach die Wahrheit sagen, aber ich kam

Von links: Pfarrer Jim Jones, Eric Gary (Premierminister von Grenada) und der Stellvertretende Gouverneur von Kalifornien, Mervyn Dymally, mit zwei unbekannten Männern bei einer Karate-Vorführung im »Volkstempel« von San Francisco
(San Francisco Chronicle)

mir wie ein Verräter vor und war ganz durcheinander, weil mir Fragen über einen Kollegen gestellt wurden.«

Wenn Jones jedoch den Eindruck gewann, daß Schmeichelei und Freundschaft nicht genügten, schlug er eine härtere Gangart an. Als viele der ehemaligen Mitglieder im Sommer 1977 ihre Erlebnisse dem Magazin *New West* anvertrauten, entfesselte

Jones eine heftige Kampagne, um den Enthüllungen ein Ende zu bereiten. Er rief nahezu alle Freunde auf seiner langen Liste zu Hilfe und bat sie, zu seinen Gunsten zu telefonieren, zu telegrafieren oder zu schreiben, um ein »Abschußunternehmen« zu torpedieren, das nach seinen Worten im Gange sei.

Auf dem Höhepunkt der von Jones inszenierten Kampagne erhielten die Büros des Magazins in Los Angeles und San Francisco – Städte, in denen Jones jederzeit einsatzbereite Truppen zur Verfügung hatte – am Tag fünfzig Anrufe und siebzig Briefe. Die Liste derjenigen, die zu Jones' Gunsten intervenierten, umfaßte treue politische Freunde wie den stellvertretenden Gouverneur Mervyn Dymally ebensogut wie prominente Persönlichkeiten aus der Geschäftswelt, den Gewerkschaften und der High Society von San Francisco.

Diesmal freilich blieb der Feldzug erfolglos. Der Artikel erschien, und Jones verließ wenige Tage, bevor die Enthüllungen veröffentlicht wurden, Kalifornien und floh nach Guayana. Doch selbst in diesem Augenblick dachte Jones noch daran, eine letzte Notstrategie auszuprobieren. Er schickte seine Helfer aus, an den Zeitungskiosken der Umgebung, in Oakland, San Francisco und Los Angeles das Magazin aufzukaufen. Kein Exemplar durfte in die Hände eines »Tempel«-Mitglieds oder Familienangehörigen fallen. Seine zurückbleibenden Gehilfen wies er an, den Anhängern zu verbieten, Zeitungen zu lesen oder den Fernseher einzuschalten.

Alles in allem muß der negative Ausgang seines Kampfes mit der Presse für Jones ein schwerer Schlag gewesen sein. Er flog nach Guayana, in der Hoffnung, diesen einen, sehr einflußreichen Gegner für immer hinter sich zu lassen.

Geld

Für einen Pfarrer aus Indiana, der einmal dazu gezwungen gewesen war, von Haus zu Haus in einer Slumgegend Affen zu verkaufen, waren die Reichtümer, die ihm während seines Aufenthaltes in Kalifornien in den Schoß fielen, überwältigend. Als die Kirche Anfang der siebziger Jahre in San Francisco ihren Zenit erreichte, wuchs es sich zu einem regelrechten Problem aus, mit dem hereinfließenden Geld fertig zu werden.

Frühere Mitglieder, die in der Finanzabteilung der Kirche tätig waren, sprachen von sechsstelligen Summen und von Eimern voll Münzen und Geldscheinen, die bei den Gottesdiensten gesammelt wurden. Nicht die Übersicht über die verschiedenen Bankkonten der Kirche zu verlieren, wurde zum Alptraum des Bürochefs.

Micki Touchette, Anfang der siebziger Jahre in Jones' Finanzabteilung beschäftigt, beschreibt, wie Wochenend-Busfahrten zu einem Nebentempel in Los Angeles manchmal 25 000 Dollar und nach San Francisco bis zu 12 000 Dollar einbrachten.

»Binnen eineinhalb Stunden hatten wir ein paar tausend Dollar beisammen«, berichtet sie. »Wir zählten, so schnell wir konnten. Jones verlangte die Gesamtsumme zu wissen, noch bevor wir fertig waren, so daß (ein ranghohes Mitglied) den Betrag von diesem Zeitpunkt notierte – sagen wir, 1200 Dollar. Dann erklärte Jones, wir hätten von dieser Gruppe nur 400 bis 500 Dollar gesammelt, und das genüge nicht. Man ließ den Eimer zwei- oder dreimal herumgehen.«

Sie und ein anderes Ex-Mitglied, Jackie Swinney, erinnern sich, die Chromkübel mit Klein- und Papiergeld in einen Sortierraum getragen zu haben, der während der Gottesdienste von Leibwächtern Jones' bewacht wurde.

»Manchmal, während der wirklich guten Versammlungen,

hatten wir ein halbes Dutzend Leute, die nichts anderes taten, als den ganzen Tag Geld zu sortieren, während die Gottesdienste weitergingen«, sagt Touchette.

In den Kübeln fanden sich auch Ringe und anderer Schmuck. Jones drängte seine Anhänger, ihre Möbel, ihr Silber, ihre Pelze und anderen wertvollen Besitz wie Fernsehgeräte oder Haushaltsmaschinen zu spenden. In San Francisco betrieb die Kirche einen kleinen Gebrauchtwarenladen in der Divisadero Street, unter einer »Tempel«-Kommune. Ein ähnliches Geschäft gab es in Los Angeles. Die Preise in den Läden waren, wie Ex-Mitglieder sich erinnern, ein Witz.

»Sie waren ganz niedrig. Jim verschenkte das Zeug, nur um es loszuwerden«, sagt Grace Stoen. Ihr Mann Tim war damals Jones' erster juristischer Berater. »Wenn Jones wirklich hätte Geld verdienen wollen, hätte er viel mehr tun können. Tim erinnerte ihn die ganze Zeit daran, daß er das Geld loswerden müsse, und sagte ihm, wo er es hintun sollte, damit die Kirche nicht in Schwierigkeiten geriete.«

Bis Mitte 1977 mögen der Kirche zehn bis fünfzehn Millionen Dollar zugeflossen sein, Tim Stoen zufolge, der den »Tempel« 1977 verließ. Ungefähr fünf Millionen Dollar wurden bei Banken in Panama deponiert, behauptet Stoen. »Einmal hatte ich eine Million Dollar auf meinen Namen auf einem Konto bei der Bank of Nova Scotia in San Francisco liegen.« Jones und seine Berater hatten, so schien es, nahezu alle Aktivitäten der Kirche, vom Gebäckverkauf bis zu den Busfahrten, so angelegt, daß sie einen Höchstgewinn abwarfen.

Die Grundtendenz bei den finanziellen Transaktionen der Kirche ist klar. Jones nahm seinen Anhängern allen persönlichen Besitz weg, der Mitglieder, die schwach im Glauben waren, hätte verleiten können auszutreten. Ein Kirchenglied hatte nichts zu tun als bereitzustehen, ein treu dienender Soldat in Jones' Armee.

Mitglieder, die in Kirchenkommunen lebten, lösten ihre Gehaltsschecks ein, übergaben das Geld der Kirche und erhielten in der Woche zwei Dollar Taschengeld. Neva Sly, neun Jahre lang zur Kirche gehörig, sagt, sie habe dem »Tempel« ihr monatliches Gehalt von tausend Dollar, das sie bei einer lokalen Rundfunkstation verdiente, gegeben und dafür Taschengeld, Mahlzeiten, ein Zimmer und einen Muni-Paß erhalten, eine verbilligte Omnibus-Netzkarte. »Wenn ich jemanden zum Essen einladen mußte, hatte ich das eine Woche vorher genehmigen zu lassen. Wenn ich Kleidung brauchte, mußte ich eine genaue Liste vorlegen, wo alles aufgeführt war, was ich brauchte, und wieviel es kostete.«

Selbst die ganz Armen wurden aufgefordert, ihr Scherflein beizutragen. Eine zweiundfünfzigjährige Frau, die von Fürsorgeunterstützung lebte, Laura Cornelious, gab ihre Uhr im Wert von zweihundert Dollar, ein Erbstück, und etwas Kleidung ab und fertigte Stepp- und Tagesdecken an, die von der Kirche verkauft wurden.

Sandy Rozynko, 18, beschrieb eine andere Methode, mit der Jones die Kassen der Kirche füllte. »Jedes Wochenende schafften sie einen Bus voll Kinder nach San Francisco und stellten sie mit Sammelbüchsen an verschiedenen Straßenecken auf. Es war sehr demütigend. Ich kam mir vor wie eine Bettlerin. In vier Stunden sammelte ich mindestens dreißig Dollar. Sie zwangen uns dazu. Wenn wir nicht einverstanden gewesen wären, hätten wir uns vor Jim und dem Direktorium rechtfertigen müssen.«

Selbst die Omnibusse brachten der Kirche noch Geld ein. Sie wurden von Mitgliedern gelenkt und gewartet. Bei Fahrten im Sommer bezahlte ein Mitglied für das Vorrecht, seinen Urlaub mit der Kirche verbringen zu dürfen. Da der Kirche die Busflotte zuletzt zu klein wurde, gab es Überfüllungsprobleme. Aber Jones billigte nur eine Lösung: Zwängt sie hinein, gleichgültig, wie lange die Fahrt dauert. Drei Jugendliche saßen dort, wo sonst zwei Erwachsene Platz hatten, und manche mußten sich sogar in die Gepäcknetze über den Sitzen legen. Der Lieblingsplatz war der Gepäckraum unter dem Fahrzeug. »Dort konnte man sich wenigstens ausstrecken und schlafen«, sagt ein ehemaliges Mitglied.

Die Sardinenbüchsen-Lösung führte zu Problemen. Einmal hatte ein Omnibus auf der Rückfahrt von Los Angeles eine Reifenpanne. Der »Tempel«-Funktionär, der die Aufsicht führte, machte sich solche Sorgen, die Autobahnpolizei könnte anhalten und den überladenen Omnibus kontrollieren, daß er die Hälfte der Insassen anwies, zur nächsten Überführung vorauszugehen, sich über das Geländer zu lehnen und die Reparatur zu beobachten, als wären sie ganz gewöhnliche Neugierige.

Die Kirche war jedoch gar nicht so daran interessiert, Reichtümer zu erwerben. Jones zog es vor, das Geld zu horten, statt es auszugeben oder zu investieren. Die Spenden der Kirche waren geringfügig, verglichen mit den Beträgen, über die Jones verfügte. Er lebte auch nicht in königlichem Prunk wie etwa Reverend Ike oder Daddy Grace.

»Der ›Tempel‹ besaß am Ende alles, was ich hatte«, sagt Jeannie Mills. »Das machte es uns so schwer wegzugehen. Wir konnten nirgends hin und hatten keinerlei Rückhalt.«

»Für Jim wurde es (das Geld) zu einer Art Witz«, sagt Grace Stoen. Zusätzlich zu ihren Pflichten als Chefberaterin war sie einer der Urkundsbeamten der Kirche und unterzeichnete Dutzende von Dokumenten.

»Wir pflegten uns zu fragen, was wir mit all dem Geld machen sollten. Aber viel haben wir nicht ausgegeben«, sagt sie.

Das Geld vermehrte sich dank einer verwirrenden Vielfalt von Methoden. Ein Durchschnittsmitglied – gewöhnlich ein Farbiger mit geringem Einkommen – wurde binnen eines Monats nach seinem Beitritt angesprochen und aufgefordert, ein Viertel seines Einkommens abzuliefern. Dieser Anteil wurde auf ein

Drittel und bisweilen bis zu vierzig Prozent erhöht, berichten frühere Mitglieder.

Ein Gast oder ein Mitgliedsanwärter bekamen nie einen Spendenkübel oder einen Spendenumschlag zu sehen. So etwas kam später, wenn das Vertrauen des Mitglieds in Jones groß genug war, Geld als nebensächlich erscheinen zu lassen.

»Als wir in die Kirche eintraten, war alles so wunderbar«, sagt Ex-Mitglied Jackie Swinney. »Es gab nichts als freundliche Worte, Aufmerksamkeiten die Menge und Jim den Menschenfreund«, erinnert sie sich. »Dann ging es von fünf auf zehn und schließlich auf fünfundzwanzig Prozent vom Gehalt meines Mannes.«

Swinney selbst wurde innerhalb der Kirche dazu ausersehen, die Finanzen der kirchlichen »Kommunen« zu verwalten. Jones benutzte gern den Ausdruck »Kommunen«, um zu vertuschen, daß es sich im Grunde nur um billige Logierhäuser handelte.

Die Kommunen in Redwood Valley und San Francisco und Umgebung brachten der Kirche viel Geld ein. Indem man die Mitglieder aufforderte, mit einem halben Dutzend anderer Leute zusammenzuziehen, und dafür Miete verlangte, »nahmen wir acht- bis zehntausend Dollar im Monat ein, schon als wir nur in Redwood Valley waren«, sagt Swinney.

Es gab andere Wege, zu sparen und die Kosten zu senken. Es brauchte bloß ein wenig Glück, um nicht erwischt zu werden, wenn der »Tempel« fragwürdigen Boden betrat.

Am 5. März 1971 bemerkten zwei Sozialarbeiter, die in der Nähe von Redwood Valley vorbei kamen, zwei Kleinlastwagen, die mit fünfzig bis achtzig Kisten Trockenmilch aus staatlichen Überschußbeständen beladen waren.

Eines der Fahrzeuge gehörte dem »Tempel«, und die Beamten stellten fest, daß die Milch eigentlich in einem Lagerhaus in San Francisco liegen sollte, statt über eine abgelegene Landstraße zu rollen, hundert Meilen davon entfernt.

Der Fahrer des »Tempel«-Fahrzeugs, James E. Bogue, sagte, es sei alles in Ordnung, als die Zollfahnder eintrafen. Die Ware sei »für arme Leute bestimmt«, betonte er weiter. Jones sagte, er habe mit irgendwelchen Unregelmäßigkeiten nichts zu schaffen, und teilte den Beamten mit, er sei empört bei dem Gedanken, daß die Kirche mit hineingezogen worden sei. Aber er erklärte sich bereit, die Milch zurückzugeben, wenn damit alle beruhigt seien.

Beamte des Landwirtschaftsministeriums und der Sozialfürsorge des Bezirks Mendocino erinnern sich an einige andere Merkwürdigkeiten im Zusammenhang mit dieser Episode. Während sie noch mit Jones verhandelten, kam Bezirksanwalt Tim Stoen angefahren und fragte in scharfem Ton, weshalb der Pfarrer verhört werde.

Die überraschten Beamten erinnerten Stoen daran, daß diese Angelegenheit genau in seine Kompetenzen falle. Er solle sich also heraushalten und sie ihre Arbeit machen lassen. »Ich arbeite in erster Linie für Jim Jones«, erinnern sie sich von ihm gehört zu haben.

Es stellte sich heraus, daß die Milch aus dem Lagerhaus der Kommunalen Gesundheits-Allianz in der Sutter Street 2027 in San Francisco stammte. Das Lagerhaus wurde von Peter M. Holmes geleitet, einem »Volkstempel«-Mitglied mit einer langen Liste von Vorstrafen, die dreizehn Jahre zurückreichten, unter anderem wegen Betrugs im Zusammenhang mit Arbeitslosenbezügen und wegen tätlicher Bedrohung.

Holmes bestritt, die Trockenmilch unberechtigt herausgegeben zu haben. Holmes sagte, er habe »von Pfarrer Jones gehört, sei aber nicht persönlich mit ihm bekannt«, wie ein Bericht des Landwirtschaftsministeriums über den Fall bemerkt. Am 12. März, eine Woche, nachdem die Milchkisten entdeckt worden waren, kündigte Holmes seine Stellung. Der Abgang von Holmes und die Rückgabe der Trockenmilch genügten offenbar, um die ermittelnden Beamten zufriedenzustellen. Anklage wurde nicht erhoben. Der Vorfall und, im Zusammenhang damit, Jim Jones' Name gelangten nie in die Presse.

Mitte der siebziger Jahre besaß die Kirche mindestens zwölf Kommunen, viele mit über einem Dutzend Personen belegt, verstreut im gesamten Bezirk Fillmore in San Francisco.

In Indianapolis waren die Geldzuflüsse des »Tempels« klein gewesen, wie seine Anhängerschaft. Seine beiden Unternehmen scheiterten, weil Jones sich nicht die Mühe machen wollte, selbst die Mindestanforderungen zu erfüllen. Aber in San Francisco ergab sich, als die Gemeinde wuchs und das Geld von selbst hereinströmte, die Notwendigkeit, gegen die Schwemme etwas zu unternehmen.

Tom Stoen erinnert sich, Jones Ratschläge gegeben zu haben, wie er sein Geld arbeiten lassen solle: »Ich sagte ihm, er müsse das Geld wandern lassen. Aber es häufte sich, und die Schwierigkeiten, die daraus entstehen mußten, waren abzusehen«, sagt er.

Sandy Parks, ehemaliges Mitglied, damals im Rechts- und Finanzbüro der Kirche beschäftigt, sagt, Jones sei mit der Zeit vorsichtiger geworden. Er habe das Geld auf etwa fünfzehn Bankkonten verteilt, um nicht eine Riesensumme zusammenkommen zu lassen, die notwendigerweise den Argwohn der Bank- oder Staatsbeamten erwecken mußte. Die Sorge um staatliche Nachforschungen über seine Steuerangelegenheiten wurde für Jones zu einem zentralen Problem, berichten Mitglieder. Das nicht so sehr wegen des möglichen Verlusts der Steuerbefreiung, die Jones' Kirche genoß, sondern vor allem, weil jede Untersuchung weitere Kreise ziehen würde.

Sandy Parks erklärt ferner, sie habe »vielleicht fünfzig« Anträge von Kirchengliedern getippt, die dazu überredet worden waren, sich ihre Lebensversicherungspolicen auszahlen zu lassen.

Eine weitere Melkkuh war die Druckerei, ein Unternehmen

der Kirche, das Jones mit besonderem Stolz und besonderem Interesse betrachtete. Jones wies Jeannie und Al Mills, das für Veröffentlichungen des »Tempels« verantwortliche Paar, an, die Aussendungen anderer aggressiv werbender Prediger in den Vereinigten Staaten genau zu studieren.

Die Mills änderten Layout und Farbkombinationen fast jeden Monat, sobald Jones von den Prospekten des einen oder anderen Predigers irgendwelche Anregungen aufgriff.

Jones ließ sich ständig von den Mills begleiten und aus allen Winkeln fotografieren, bis sie die schmeichelhaftesten Posen herausgefunden hatten. Das Ergebnis all dieser medienbewußten Arbeiten war die Überzeugung, der bestaussehende Wunderwirker auf dem Papier zu sein, jedenfalls nach Jones' Ansicht. Aber für die beiden Mills hatte das andere Auswirkungen.

»Unsere Aussendungen brachten uns (Anfang der siebziger Jahre) am Tag durchschnittlich achthundert Dollar ein, und das ist ganz bescheiden gerechnet«, sagt Jeannie Mills.

Aus der publizistischen Arbeit schwappte noch etwas in eine andere Kasse der Kirche über. Fotografien von Jones, in Plastikhüllen, wurden an Mitglieder verkauft, die dem Glauben anhingen, das Abbild des »Vaters« sei ein Talisman, um Einbrecher, Krankheiten und Verkehrsunfälle fernzuhalten.

Birdie Marable verkaufte neun verschiedene Jones-Aufnahmen mit einem Bauchladen, den sie während der Wochenend-Gottesdienste wie ein Nachtklub-Zigarettenmädchen umgeschnallt trug. »Ich habe bei jeder Versammlung achtzig bis hundert Dollar eingenommen«, berichtet sie.

So etwas brachte ein bescheidenes, aber regelmäßiges Geld. Größere Zuwachsraten erzielte die Kirche, wenn ihr ganze Vermögen übertragen wurden.

Zwischen 1967 und 1977 waren die Kirche oder ihre Bevollmächtigten an zweiunddreißig urkundlich festgehaltenen Geschäften mit Immobilien beteiligt. Zehn davon waren Schenkungen von »Tempel«-Mitgliedern an die Kirche. 1977 verkaufte die Kirche in San Francisco zwei Immobilien: am 21. Juni ein dreiteiliges Apartment in der Page Street 1660–64 für 127 000 Dollar und am 12. Mai zwei Wohnungen in der Howth Street 258 für 42 500 Dollar.

Darüber hinaus gab es Verkäufe, bei denen »Tempel«-Bevollmächtigte die von Mitgliedern ausgestellten Generalvollmachten nutzten. Zum Beispiel wurde am 1. Juli 1977 für 90 000 Dollar ein Erholungsheim in der 21. Straße 2704–8 verkauft, das James und Irene Edwards gehörte.

Die Edwards hatten San Francisco Anfang 1977 mit dem Ziel Guayana verlassen. Sie reisten ganz kurzfristig ab und ließen das Heim und die Einrichtung unangetastet zurück, sogar Lebensmittel lagerten noch im Kühlschrank. »Tempel«-Sekretärin Jean F. Brown hatte Generalvollmacht und unterschrieb die Verkaufsverträge, die »Tempel«-Anwalt Gene Chaikin aufgesetzt hatte.

Das durchschnittliche »Tempel«-Mitglied war freilich nicht in der Lage, der Kirche solche Beträge zu bieten, betonen frühere Mitglieder. Die überwältigende Mehrheit setzte sich aus Leuten wie Jessie Boyd zusammen, eine ältere farbige Witwe, die allein in einem Ein-Zimmer-Apartment im Getto des Tenderloin-Gebiets wohnte.

Sie bezahlte ein Viertel ihres monatlichen Einkommens von 403 Dollar als Miete und überwies, bis sie im Februar 1978 austrat, ein weiteres Viertel an die Kirche. In den sechseinhalb Jahren, in denen sie »Tempel«-Mitglied war, unterschrieb sie für die Kirche Schecks im Gesamtbetrag von 3937,19 Dollar. Diese Schecks wurden vier Bankkonten der Kirche gutgeschrieben: der Bank of Upper Lake, der Bank of America, Wells Fargo, alle in Ukiah in der Nähe von Redwood Valley, und der Bank of Montreal. Diese kanadische Bank unterhielt eine Zweigstelle in

San Francisco, mit einer Niederlassung in Georgetown, der Hauptstadt von Guayana.

Mrs. Boyd buk ferner sieben oder acht Kuchen in der Woche. »Ich kaufte alle Zutaten, und die Kirche brachte sie zum Safeway oder zu Albertson's und verkaufte einen um fünf Dollar. Ich kann Ihnen nicht sagen, wieviel ich an kleinen Beträgen gegeben habe«, sagt sie.

Aber ob das Geld nun in überquellenden Banksäcken im »Tempel«-Büro schlummerte oder säuberlich auf Konten eingezahlt wurde, es war viel zu viel davon da, um ausgegeben zu werden. Die Kirche hatte ihr Jahresbudget auf rund 600 000 Dollar festgesetzt. Viele ehemalige Mitglieder aber sind sich darin einig, daß sehr viel mehr Geld vorhanden war. Das meiste davon wurde auf Bankkonten in Panama und Europa transferiert. Ende 1973 kristallisierte sich ein neues Ziel für das Geld des »Tempels« heraus: die neugegründete Kolonie im entlegenen Urwald von Guayana.

Im Hinterland von Guayana eine Gemeinde aufzubauen war eine kostspielige Angelegenheit. Jones selbst teilte der Kirche einmal mit, das Vorhaben erfordere jährlich eine Million Dollar. Aber er war anscheinend zu mißtrauisch, um solche Summen auf offiziellem Wege weiterzuleiten, und zog es vor, zuverlässige Kuriere mit bis zu 50 000 Dollar in bar per Flugzeug von San Francisco nach Georgetown zu schicken.

Dan Phillips, der Jones und ungefähr ein Dutzend leitender Persönlichkeiten der Kirche bei ihrem ersten Besuch im Dezember 1973 begleitete, berichtet, daß sie damals eine große Summe mitgebracht hätten.

»Jeder von uns hatte fünftausend Dollar in bar bei sich. Außerdem war eine Zahlungsanweisung über 600 000 Dollar von Barclays in Kanada bei der Zweigstelle der Bank in Georgetown zu deponieren.«

Obwohl im Laufe der Zeit manche Mißstände bekannt wurden, obwohl viele Zeugen Betrug, Entwürdigung und Mißhandlung bestätigten, merkte die Welt außerhalb des »Tempels« kaum auf. Niemand schrie seine Empörung hinaus.

Von Zeit zu Zeit äußerte sich ein enttäuschtes Mitglied in einer kalifornischen Zeitung über die von Jones verübten Übergriffe, aber nur wenige Medienleute witterten irgendeinen Grund, eine öffentliche Untersuchung zu erzwingen. Selbst als Jones in Los Angeles festgenommen wurde, weil er sich einem getarnten Polizeibeamten unzüchtig genähert hatte, wurde die Anschuldigung schnell fallengelassen – und die Unterlagen über die Festnahme wurden vernichtet. Die Festnahme war damals etwas so Obskures – wer hatte denn schon von einem Mann namens Jones gehört? –, daß nicht eine einzige Zeile darüber veröffentlicht wurde.

Erst nachdem Jones im Juli 1977 San Francisco seinen »Tempel«-Statthaltern überlassen hatte, um seine Sekte an ihrem Urwald-Vorposten in Jonestown zu übernehmen, leitete District Attorney Joseph Freitas eine amtliche Untersuchung ein.

Aber Freitas gab nichts davon bekannt; ebensowenig gab er das negative Ergebnis preis – bis nach dem Massaker von Jonestown. Erst danach fühlte er sich veranlaßt, den Bericht freizugeben, anscheinend, um Anschuldigungen entgegenzutreten, er habe den »Tempel« überhaupt nicht unter die Lupe genommen.

Tatsächlich hatte Freitas fünf Ermittler seines Dezernats für Sonderfälle beauftragt, alle gegen Jones und die Leitung des »Tempels« vorgebrachten Beschuldigungen zu überprüfen. Der vertrauliche Bericht stellte fest, daß zahlreiche Anschuldigungen erhoben worden waren, die auf Mord, Kindesentführung, Erpressung, Brandstiftung, Körperverletzung, illegalen Drogenhandel, Mißbrauch von Fürsorgegeldern und Kidnapping lauteten. Die Ermittler wiesen jedoch, nachdem sie siebzig Zeugen vernommen hatten, darauf hin, daß sie weder eine Anschuldigung bestätigen noch genug Beweismaterial beibringen könnten, um auch nur in einem einzigen Punkt ein Strafverfahren zu eröffnen.

Der Abschlußbericht an den District Attorney reihte die »Volkstempel«-Kirche in die Kategorie »Nichts zu unternehmen« ein, obschon die Ermittler sich darin einig waren, daß die Praktiken der »Tempel«-Leitung »zumindest abstoßend« seien und »wesentliche« moralische Fragen aufwürfen.

Da dieser Bericht in den Archiven vergraben lag, gab es für die Presse nichts, dem sie nachspüren konnte. Zeitweise schnüffelten Reporter am »Tempel« in San Francisco herum und nahmen unter den wachsamen Blicken von »Tempel«-Mitgliedern an den Gottesdiensten teil. Ein Reporter des *Examiner* versuchte, von Jones die Erlaubnis zu erhalten, die Siedlung in Guayana zu besuchen, wurde aber abschlägig beschieden. Ein anderer *Examiner*-Journalist wurde von Jones eingeladen, trat die Reise aber nicht. Kilduff bat die *Chronicle*-Redaktion, eine Reise nach Jonestown zu genehmigen, und bekam zu hören, er könne fahren, wenn er gewiß sei, freien und unbeschränkten Zugang zu allen Leuten dort zu bekommen. Dazu müsse sichergestellt sein, daß Jones sich an eine solche Garantie halten werde. Das Projekt kam über den ersten Anlauf nie hinaus.

7

Guayana

Die Republik Guayana (früher Britisch Guayana) ist ein dichtbewaldetes Land auf der östlichen Schulter Südamerikas, etwa von der Größe Minnesotas. Der Name leitet sich von dem indianischen Ausdruck *guiana* her, »Land des Wassers«, womit man die ganze Amazonas-Wasserscheide bezeichnete. Die ehemalige Kolonie wurde 1966 unabhängig, und die sozialistische Regierung bemüht sich seither, die allein auf Zuckeranbau abgestellte Plantagenwirtschaft des Landes zu modifizieren. Die eingeborenen Indianer machen nur fünf Prozent der Gesamtbevölkerung von rund einer Million aus; Inder, von den Briten als Arbeiter ins Land geholt, bilden die größte Volksgruppe, gefolgt von den Nachkommen afrikanischer Sklaven. Nicht weit nördlich vom Äquator gelegen, hat Guayana zwei Regenzeiten, zu denen die Flüsse anschwellen: Februar und August. Die Durchschnittstemperatur beträgt 24–27 Grad Celsius. Das Klima ist sehr feucht.

Wilde Tiere gibt es in Hülle und Fülle, darunter den Riesen-Ameisenbär, das Faultier und den Kaiman, einen Alligator-Verwandten. Manche Gebiete des tiefliegenden Landesinneren sind nach wie vor praktisch unerforscht; nur die eingeborenen Indianer wagen sich in die Tiefe des Urwalds hinein.

Über ein Drittel der Bevölkerung sind Hindu, etwa vierzig Prozent Christen und neun Prozent Moslems.

Als Jim Jones Guayana in den sechziger Jahren das erstemal besuchte, verliebte er sich gleich in die viktorianischen Häuser, und er faßte die Meinung, hier lebe ein gütiger, freundlicher

Menschenschlag. Er war ferner überzeugt, daß die Einwohner von Guayana für seine Art der »spirituellen Heilung« besonders empfänglich seien.

Es gab noch andere Gründe, welhalb Jones Guayana gefiel. Die Amts- und Hauptsprache war Englisch. Ein großer Teil der Bevölkerung war schwarz (wie die Mehrheit der »Volkstempel«-Gemeinde). Und die Reise war nicht allzu kostspielig, weil das Land in relativer Nähe zu den Vereinigten Staaten lag.

Auch die guayanische Politik sprach Jones an. Die junge Regierung hatte sich einer sozialistischen, wenn auch nicht orthodox marxistischen Linie verschrieben. Und das Land war arm, sehr arm. Das hieß, daß man dort billig leben konnte.

»Jim dachte an Kanada, aber er meinte, das sei zu bürgerlich«, berichtet ein Gehilfe. »Und er sagte, in Afrika stehe eine blutige Auseinandersetzung zwischen Schwarz und Weiß bevor.«

Am 9. Dezember 1973 landeten die ersten vier Abgesandten des »Volkstempels« in der Hauptstadt Georgetown, samt und sonders Angehörige von Jones' innerem Kreis; jeder hatte fast fünftausend Dollar bei sich. Sie mieteten ein Haus und einen Volkswagen und vereinbarten eine Reihe von Terminen mit Regierungsbeamten. Am 16. Dezember flogen weitere zwölf »Tempel«-Mitglieder nach Guayana. Sie hatten die Aufgabe, mehr über die dortigen Verhältnisse herauszufinden und einen Platz für die geplante »landwirtschaftliche Mission« zu suchen.

Jones hatte zwei Kriterien für den Standort der Siedlung aufgestellt: er mußte abgelegen sein, und es mußte eine vernünftige Möglichkeit bestehen, das Land zu bestellen. Die Forschungsgruppe entschied, daß der nordwestliche Teil des Landes den besten Eindruck machte. Es gab genug ausbeutbares Frischwasser, das Land schien entwicklungsfähig, und das Gebiet war größtenteils unbewohnt, abgesehen von verstreuten Indianerdörfern. Die Gegend lag auch nahe bei Venezuela, so daß die Siedler, sollten sie jemals in Schwierigkeiten kommen, keinen weiten Weg zur Grenze hatten. Die Regierung von Guayana förderte die Wahl, in der Hoffnung, die Existenz einer aktiven, blühenden Siedlung würde sie bei ihren alten Grenzstreitigkeiten mit Venezuela unterstützen.

Jones flog selbst nach Guayana, um die endgültige Wahl zu treffen. In einem von der Regierung gestellten zwanzigsitzigen Flugzeug überflogen Jones und seine Begleiter den Urwald. Ihre besondere Aufmerksamkeit richtete sich auf ein Gebiet nahe den Städten Port Kaituma und Matthews Ridge in der obersten nordwestlichen Ecke des Landes.

Jones' erste Wahl, ein Gelände bei Matthews Ridge, wurde von der Regierung nicht gebilligt. Er durfte schließlich – angeblich für zwei- oder dreihundert Dollar im Jahr – etwa fünfzig Kilometer weiter 27 000 Morgen Land pachten, ungefähr zehn Kilometer von Port Kaituma entfernt, einer schläfrigen Stadt an einem Fluß.

Jones kehrte nach San Francisco zurück, von einem Freudenrausch erfaßt. Er schuf sofort ein neues Kirchenamt, das die Entwicklung des, wie er es seiner Herde gegenüber nannte, »verheißenen Landes« überwachen sollte.

Guayana war nie das Paradies, das Jones in ihm sehen wollte. Von Anfang an hatten die »Tempel«-Mitglieder Probleme, von denen die meisten sich daraus ergaben, daß man die Fähigkeiten der eifrigen, aber ungeschulten Grenzlandbewohner falsch eingeschätzt hatte. Die ersten Siedler in Jonestown sahen sich einem heißen, dampfenden Klima gegenüber, in dem es von Giftschlangen wimmelte, und verschlagenen indianischen Ureinwohnern, denen es Spaß machte, die Vorräte der sonderbaren Neuankömmlinge zu plündern. Die Siedler pflügten die Furchen für ihre ersten Saaten in die Hänge, so daß die ersten Regenfälle kostbaren Humus wegschwemmten. Die einheimischen Lauraceen und die Purpurholzbäume hatten ein derart hartes Holz, daß die Pilger mehrere Sägen bei dem Versuch einbüßten, sich

Bauholz zu beschaffen. Mitten in einem der dichtesten Waldgebiete der Erde mußten sie ihr Nutzholz aus Matthews Ridge beziehen, das fünfzig Kilometer entfernt lag. Die wachsende Siedlung zog eine sich ständig vermehrende Zahl von Ratten an. Die ersten primitiven Gebäude besaßen Lehmboden und Wellblechdächer, aber keine Wände, so daß die erschöpften Siedler nachts unter Moskitonetzen schlafen mußten, die auch nur manche Insekten fernhielten.

Aber Jonestown war der Ort, wo Jim Jones seine Zuflucht vor der Katastrophe suchen wollte, ob das nun ein Atom- oder ein Rassenkrieg war. Also kam allein Jonestown in Frage.

Im November 1974 führte Jones eine große Delegation von fünfzig Kirchenmitgliedern mit einer gecharterten Turboprop-Maschine, die über Mexico geleitet wurde, von San Francisco nach Guayana. Jones wollte seine neuen Landsleute mit einer Wunderheilung beeindrucken. Er bat Timothy Stoen, bei einem Gottesdienst in Georgetown, an dem Regierungsbeamte und Journalisten teilnehmen sollten, ein Magenleiden vorzutäuschen.

»Ich mußte das während der ganzen Versammlung durchhalten«, berichtet Stoen. »So etwas kann ich nicht sehr gut.« Jones »heilte« den Patienten natürlich, aber der Schuß, den er sich ausgedacht hatte, um seine Gastgeber für sich einzunehmen, ging nach hinten los.

»Die Journalisten dort waren sehr aufmerksam und deckten gleich die Sache mit der Heilung auf. Wir hatten eine äußerst schlechte Presse.« Jones bat laut Stoen die Regierung, der negativen Berichterstattung ein Ende zu bereiten, aber das wurde abgelehnt.

»Es war ein schwerer Fehler, und ich begann zum erstenmal an ihm zu zweifeln«, sagt Stoen.

Unbeirrt beschloß Jones, eine Fotografie zu fälschen, um das guayanische Paradies abzubilden, von dem seine Predigten schwärmten. Jones' Gehilfen gingen in Georgetown in ein Lebensmittelgeschäft und kauften Bananen, Grapefruit und Orangen und häuften sie um Jones auf, der vor Orangenbaumschößlingen niederkniete, damit sie größer wirkten. Die so entstandene Aufnahme erweckte den Eindruck, als wäre die Siedlung in der Tat ein Garten Eden.

Anfang 1975 lebten fünfzehn »Tempel«-Mitglieder ständig in Jonestown, rodeten Land und errichteten mit Hilfe einer angeheuerten Indianer-Mannschaft die ersten Gebäude. Dezember 1976, als der stellvertretende Gouverneur von Kalifornien, Mervyn Dymally, auf dem Rückweg von einem Urlaub auf Trinidad in Jonestown vorbeischaute, hatte sich die Siedlung auf fünfzig Mann vergrößert.

Mit der Zeit gelang es den Siedlern von Jonestown, den Urwald in den Griff zu bekommen. »In der Anfangszeit herrschte eine echte Ferienstimmung«, sagt Stoen. »In der Stunde vor der Hauptmahlzeit spielten wir Touch Football. Es war wie in Bobby Kennedys Familie.«

Etwa zur gleichen Zeit kaufte der »Tempel« für 50 000 Dollar in Georgetowns exklusivem Stadtteil Lamaha Gardens ein Haus mit fünf Schlafzimmern. Es war zur hauptstädtischen Residenz der Kirche bestimmt.

Anfänglich verstand sich Jones hervorragend mit der Regierung von Premierminister Forbes Burnham, vor allem mit dessen Stellvertreter Ptolemy Reid, mit dem Jones sich mehrmals traf. Später wurde die guayanische Regierung von einheimischen Kritikern beschuldigt, beide Augen zuzudrücken, wenn die Kommune von Jonestown mit ihren drei Booten ihre landwirtschaftlichen Produkte verschiffte und Vorräte zurückbrachte, ohne vom Zoll überprüft zu werden. Es gab Berichte, daß Jones und seine Anhänger Burnham bei mindestens einem Wahlfeldzug unterstützten.

»Aber wir haben sie nie wirklich unter die Lupe genommen«, sagt der Herausgeber der führenden Oppositionszeitung. »Es gab viele Anschuldigungen und Verdachtsmomente, aber gleichzeitig erhielt ich von Freunden in den Vereinigten Staaten zahlreiche Briefe, in denen mir erklärt wurde, wie großartig die Gruppe sei.«

Im Mai 1977 gab es noch immer erst etwa siebzig ständige Einwohner in Jonestown. Jones selbst verbrachte den größten Teil seiner Zeit in San Francisco. Aber dann erschienen eine Reihe kritischer Zeitungs- und Zeitschriftenartikel, einschließlich der Veröffentlichungen in *New West*, die von der einschlägigen »Volkstempel«-Propaganda als »CIA-FBI-Interpol-Medien-Verschwörung« zur Vernichtung der Kirche gebrandmarkt wurden. Jones regte sich fürchterlich auf, bis er zuletzt entschied, es sei Zeit, die Vereinigten Staaten zu verlassen. Ende 1977 brachen Jones und die Mehrheit seiner Gemeinde nach Guayana auf; nur hundert Leute blieben zurück, die für den Nachschub sorgen sollten. »Tempel«-Mitglieder, die die große Reise antraten, überschrieben der Kirche ihre Autos, ihre Häuser und ihren sonstigen Besitz – in Jonestown konnten sie diesen Tand ohnehin nicht mehr brauchen.

Zu den »Tempel«-Mitgliedern, die auf die Reise gingen, gehörte auch Rosemary Williams. Mrs. Williams, die in einer Bank in San Francisco arbeitete, und ihr Mann Harry, Schlosser bei der Stadtverwaltung, riefen eines Morgens ihre Kinder zusammen, um ihnen mitzuteilen, daß sie sofort verreisen würden; sie sollten sich ihre Lieblingsdinge aussuchen. Die Williams weigerten sich standhaft, ihren Kindern zu sagen, wohin sie fahren und wie lange sie fortbleiben wollten.

»Ich weinte und flehte Mom an, mir zu sagen, was los sei«, sagt die Tochter Unjolla Daniels. »Doch sie hatte eine kalte, abweisende Art; sie schien uns nicht zu hören. Dabei war sie ihr ganzes Leben lang ein Gefühlsmensch gewesen, wie ich ihn selten erlebt habe – sie wurde oft traurig oder weinte.« Rosemary

Williams berichtete später, sie und ihr Mann hätten nach Jones' Anweisungen gehandelt.

Das Paar zwängte sich, zusammen mit mehreren Familienmitgliedern und Freunden, in einen Pkw-Kombi und fuhr, ohne anzuhalten, nach Miami. Ihre Tochter Yolanda, die im Auto mitfuhr, aber der Kirche nicht angehörte, versuchte sie von der Reise nach Guayana abzuhalten. Einen Monat lang ließen sich die Williams auch zurückhalten, und zum Schluß war Harry soweit, daß er nach San Francisco zurückkehren wollte, weil er sonst seine Pension verloren hätte. Aber Rosemary Williams bestand darauf, nach Guayana zu fahren.

Sie war der Kirche 1970 beigetreten, als diese ihren Hauptsitz noch in Redwood Valley gehabt hatte. Kurze Zeit vorher hatte sie sich einer Probeoperation zur Krebsvorsorge unterzogen, und die Ärzte hatten nichts gefunden, aber sie war beunruhigt geblieben. Bei einem Gottesdienst »heilte« Jones sie ein für allemal vom Krebs und zeigte als Beweis einen Klumpen Fleisch vor – angeblich den Tumor. Von da an tat sie alles, was Jones von ihr verlangte – bis sie eine Woche in Jonestown verbrachte. Sie durfte wieder gehen und kehrte mit einer bündigen Einschätzung von Jim Jones' »Paradies« nach San Francisco zurück: »Die Hölle, wie sie im Buche steht.«

Die Disziplin im Lager sei sehr hart gewesen, berichtet Rosemary Williams, selbst für Kinder. Wenn ein Kind ins Bett näßte, so sagt sie, sei es mit Elektroschocks bestraft worden. Wenn ein Kind in die Hose machte, wurde es gezwungen, seine Unterhose auf dem Kopf zu tragen.

Ein Jugendlicher, der sechzehnjährige Tommy Bogue, wurde gezwungen, von 22 Uhr abends bis 6 Uhr morgens eine Latrine auszuheben, weil Aufseher dahintergekommen waren, daß er Aluminium-Dachblech gestohlen hatte, um sich außerhalb der Siedlung eine kleine Hütte zu bauen. Andere Halbwüchsige wurden, weil sie gegen Jones' Vorschriften verstoßen hatten, gezwungen, scharfe Pfefferschoten zu essen.

Für die älteren »Tempel«-Mitglieder hatte das Leben in Jonestown viel Ähnlichkeit mit dem strengen Regiment, dem sie in Kalifornien unterworfen gewesen waren. Einem Zeugen zufolge gab es nach einem Arbeitsag, der bei manchen um 6 Uhr früh begann und um 22 Uhr abends endete, noch eine vierstündige »Katharsis«-Sitzung, bei der einzelne dafür lächerlich gemacht wurden, daß sie am Fortschritt der Mission zweifelten oder ihre Aufgaben nicht richtig erfüllten. Wenn jemand gegen Jones' Gebote verstoßen hatte, rasierte man ihm den Schädel, oder er mußte zum Zeichen seiner Ehrlosigkeit einen gelben Schutzhelm tragen, oder er durfte mehrere Tage lang nichts sprechen. Wenn Kleider oder Werkzeuge kaputt oder verlorengingen, mußte der Sünder die Kosten für die Wiederbeschaffung tragen. Da niemand Geld besaß, wurde dem Mitglied das Essen verweigert – das die Kirche je Mahlzeit mit einem Dollar ansetzte –, bis die Schuld abgetragen war.

Wie andere »Tempel«-Mitglieder betraten die Williams das Land zunächst in Georgetown, wo sie im Haus des »Tempels« wohnten. Von den Mitgliedern in der Hauptstadt erwartete man, daß sie bei den Ladenbesitzern in Georgetown Nahrungsmittel erbettelten, unter dem Vorwand, die Spenden würden nach Jonestown geschickt. Tatsächlich aber lebte die Gruppe in Georgetown davon, und nur ein kleiner Teil der Lebensmittel fand den Weg nach Jonestown.

Von Georgetown zur Urwaldsiedlung gelangte man entweder mit dem Flugzeug oder mit dem Boot. Der Flug zum Behelfsflugplatz Port Kaituma, ca. 250 Kilometer, dauerte eine Stunde. Ein Lastwagen der Kirche transportierte die Reisenden die restlichen 14 Kilometer zur Siedlung. Übers Meer dauerte die Fahrt dreiundzwanzig Stunden. Das Boot fuhr den Kaituma-Fluß hinauf, vorbei an winzigen Indianerdörfern, die versteckt im Dunkel des tropischen Regenwalds vor sich hin dämmerten. Sobald die Reisenden in Jonestown eintrafen, beschlagnahmte die Kirche ihr Geld und ihre Pässe.

Inzwischen beschäftigten sich die Kirchenmitglieder, die in San Francisco zurückgeblieben waren, damit, Vorräte und Ausrüstung nach Jonestown zu schicken. Die Verständigung mit der Siedlung erfolgte über Kurzwellenfunk, und zwar in einer Weise, daß sich andere Funkamateure hell über die Art empörten, wie der »Tempel« gegen die Vorschriften der Federal Communications Commission verstieß. Einige Kirchenglieder benützten die Amateurfunkfrequenzen, um ihre Geschäfte abzuwikkeln, was strikt untersagt ist, und tauschten oft verschlüsselte Botschaften aus, was ebenfalls nicht zulässig ist.

Jones' Kodename war »Al« – in San Francisco oder Jonestown konnte nichts entschieden werden, bis »Al« seine Zustimmung erteilt hatte. Reporter Marshall Kilduff war »Morris«, andere Reporter trugen die Bezeichnung »Philosophen«. Die Kirche gebrauchte in ihrem Funkschlüssel, der häufig geändert wurde, auch die Bezeichnungen von Schachfiguren.

Funkamateure berichteten, daß die »Tempel«-Mitglieder die Frequenzen, die sie benutzten, gleichsam als ihr Privateigentum ansahen und anderen die Mitbenutzung verweigerten. Die FCC überwachte die Sendungen der Kirche fast ein Jahr lang und belegte schließlich einen der »Tempel«-Funker mit einem Bußgeld von fünfzig Dollar, weil er sich nicht ordnungsgemäß zu erkennen gegeben hatte.

Jones selbst reiste zwischen der Kolonie und Georgetown hin und her, verhandelte mit Regierungsbeamten und überwachte die Ankunft neuer Mitglieder aus Kalifornien. Die Kirche gab ihren Auszug nicht offiziell bekannt, und die Verwandten all derjenigen, die nach Guayana gegangen waren, ohne eine Nachricht zu hinterlassen, begegneten eisigem Schweigen, wenn sie sich im »Tempel« von San Francisco erkundigten. Manche Familien beschwerten sich beim District Attorney von San Francisco. Daraufhin ermittelte dessen Dienststelle, daß bis Mitte August 1977 nahezu vierhundert »Volkstempel«-Mitglieder nach Jonestown gereist waren.

Rosemary Williams fand die Siedlung schrecklich und wollte gleich nach ihrer Ankunft wieder abreisen. Sie haßte die eiserne Disziplin, die von ihr bei der ihr zugewiesenen Küchenarbeit verlangt wurde. Das Essen fand sie ausreichend, die Unterbringung jedoch – Ein-Zimmer-Hütten, die von Bewohnern überquollen, und zwei große Schlafgebäude – unerträglich. Es gab kein heißes Wasser, als Toilettenpapier verwendete man Zeitungen. Mrs. Williams gab an, sie habe in den vier Tagen ihrer Tätigkeit in Jonestown fast zwei Kilo abgenommen. Sie kehrte nach Georgetown zurück und erklärte Jones, daß sie den Wunsch habe zurückzufahren.

»Er drohte mir an, ich würde einen Schlaganfall bekommen«, berichtet sie. »Aber ich machte ihm klar, daß ich heim wollte.« Sie sagt, »Tempel«-Mitglieder hätten gestattet, daß sie ein Ferngespräch mit ihrem Bruder in San Francisco anmeldete; aber während sie telefonierte, wären sie nicht von ihrer Seite gewichen und hätten das Gespräch aufgezeichnet.

Schließlich erlaubte man ihr heimzufahren. Sie mußte aber versprechen, nie über ihre Erfahrungen in Jonestown zu sprechen; statt dessen sollte sie sagen, sie kehre zurück, damit sie ihre Pension nicht einbüßte. Die offiziellen Verlautbarungen des »Volkstempels« priesen die Siedlung weiterhin als Modell für eine neue Gemeinschaft an. In Rundschreiben und in seiner eigenen Zeitung hob der »Tempel« die moderne medizinische Ausstattung, das Ausbildungsprogramm, die entstehende Viehzucht und das im Bau befindliche Sägewerk hervor.

»Die fabelhafte Gesundheit der Bewohner und das stupende Wachstum des Projekts überstrahlen alles und spiegeln den Geist der sozialistischen Zusammenarbeit wider«, meldete

Charles Garry, Rechtsanwalt des »Volkstempels«, am 14. November 1978, kurz vor der Abreise nach Jonestown *(San Francisco Chronicle)*

ein Rundbrief. »Die Erfahrung von Jonestown und der Geist seines Gründers und Führers Jim Jones führen zu einem gesunden und glücklichen Leben. Wir können nicht ausdrücken, wie stolz wir auf das sind, was wir in so kurzer Zeit in diesem herrlichen Urwald haben schaffen dürfen.«

Das vielleicht begeistertste Lob kam von »Volkstempel«-Anwalt Charles Garry nach einem Besuch im Jahr 1977. Er schrieb in *Peoples Forum,* der Zeitung des »Tempels«:

»Nach allem, was ich dort erlebt habe, möchte ich sagen, daß die Gesellschaft, die in Jonestown heranwächst, der Menschheit zur Ehre gereicht.

Ich habe das Paradies gesehen.«

8

Jonestown: Der Anfang vom Ende

Der Exodus des »Volkstempels« aus San Francisco wurde in einer Heimlichkeit vollzogen, wie sie Kenner der Kirche nicht anders erwartet hatten. Oft wurden Mitglieder, die sich zur Reise entschlossen hatten, erst am Morgen angerufen und davon unterrichtet, daß sie noch am selben Abend fahren müßten. Die Kirche gab bekannt, sie werde ihren Sitz in San Francisco beibehalten, aber der »Tempel« am Geary Boulevard wurde zu einem bloßen Nachschubdepot für die Urwaldsiedlung umfunktioniert. »Wir gehen keineswegs aus San Francisco oder Kalifornien fort«, stellte eine Presseverlautbarung der Kirche fest und apostrophierte Presseberichte über die Hedschra als »voreingenommene, sensationslüsterne Reportagen«.

Der »Tempel« war jedoch nicht in der Lage, alle Lecks zu stopfen, und mit der Zeit liefen etliche Gerüchte über geheimnisvolle Abreisen von Kirchengliedern um. La Flora Townes, »Tempel«-Angehörige und fünfzehn Jahre lang Zimmermädchen im »Carlton Hotel« San Francisco, rief eines späten Abends ihren Arbeitgeber an und erklärte, sie müsse sofort die Stadt verlassen. Eine andere Frau, von Beruf Krankenschwester, sagte, sie müsse verreisen, »um im Osten etwas zu erledigen«. Ihr Arbeitgeber teilte mit, daß sie dem »Tempel« angehöre. Das örtliche Büro des District Attorney bestätigte im August 1977, daß zwischen zwanzig und vierzig Glieder der Kirche, die alle in einer Wohnung in der Nähe des »Tempels« gelebt hatten, plötzlich nach Jonestown abgereist seien. Mehrere Familien zeigten dem District Attorney an, daß Verwandte vermißt würden und

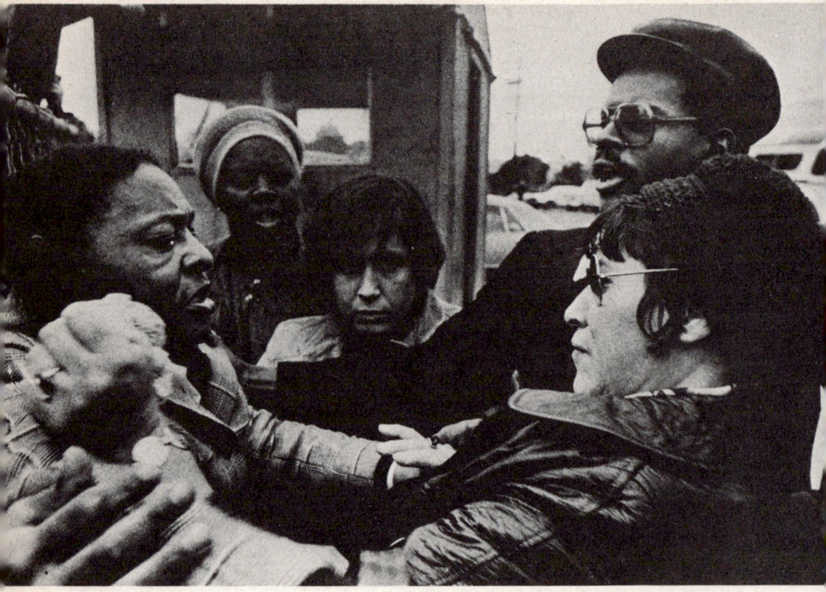

Margie Henderson (links), deren Mutter sich in Guayana aufhielt, versucht an einem Posten vorbei in den »Volkstempel« von San Francisco einzudringen *(San Francisco Chronicle)*

sich vermutlich in Guayana aufhielten, aber Ermittlungsbeamte vermochten den Aufenthalt der Verwandten nicht festzustellen. Larry Tupper trug vor, das Sorgerecht für seinen Sohn Larry Jr. sei ihm rechtskräftig übertragen worden, aber der Junge befinde sich mit seiner Mutter, die zur Kirche gehöre, in Guayana. Neva Sly, die aus der Kirche ausgetreten war, gab an, ihr Sohn Mark, 16, sei gegen seinen Willen nach Guayana geschickt worden. Der Vormund des Jugendlichen Vincent Lopez hatte Gerüchte von Gehirnwäsche, Gedankenkontrolle und Mißhandlungen in Jonestown gehört und verlangte, daß der Junge zurückgeschickt werde.

Wenn jemand versuchte, die Vorgänge in Jonestown aufzuklären, traf er auf die gleiche Verdunkelungstaktik wie die Angehörigen von Mitgliedern. Kathy Hunter, eine freie Schriftstellerin und die Ehefrau von Chefredakteur George Hunter vom *Ukiah Daily Journal*, reiste nach Guayana, nachdem sie ein Schreiben erhalten hatte, das sie für eine Einladung des Premierministers Forbes Burnham von Guayana hielt. Mrs. Hunter hatte Burnham einige Jahre zuvor kennengelernt, als dieser der nordkalifornischen Stadt einen Besuch abgestattet hatte.

»Ich bin unvoreingenommen hingefahren, wirklich«, sagt sie. »Ich war seit langem mit Jim Jones befreundet und glaubte manches von dem, was über ihn erzählt wurde, einfach nicht. Aber jetzt kann ich nur vermuten, daß er nicht mehr derselbe Mensch war, den ich einst gekannt hatte.«

Mrs. Hunter berichtet, nach ihrer Ankunft in der guayanischen Hauptstadt habe man ihr mitgeteilt, die Einladung sei gefälscht. Statt dessen wurde sie von einem »Verhörkommando« aus der Urwaldsiedlung belästigt, das sie in ihrem Hotel in Georgetown beschattete und ihre Telefonleitung anzapfte.

An sieben der neun Tage, die Mrs. Hunter in Guayana verbrachte, wurde sie von den Behörden in ihrem Hotelzimmer in »Schutzhaft« genommen. Sie kehrte schließlich tief betroffen, aber unversehrt in die Vereinigten Staaten zurück – nach Jonestown war sie gar nicht erst gekommen.

Einen noch erschreckenderen Bericht liefert Jeff Haas, ein Rechtsanwalt aus San Francisco. Haas vertrat Grace Stoen, die Ehefrau des ehemaligen »Tempel«-Adjutanten Tim Stoen, in einem Prozeß um das Sorgerecht für den sechsjährigen Sohn der Stoens, John Victor, gegen Jim Jones. Jones behauptete, die Stoens hätten zugestimmt, daß er das Kind zeuge. Bei der Verhandlung erklärte er auch, der Hauptgrund, weshalb er nie in die Vereinigten Staaten zurückkehren werde, sei der, daß man ihn zwingen könnte, das Kind herauszugeben. Im September

1977 hatten beide Stoens die Kirche verlassen, und Grace Stoen wollte ihren Sohn wiederhaben. Haas fuhr deshalb nach Guayana.

»Wir hatten eine gerichtliche Verfügung bei uns, nach der Jones verpflichtet war, Graces Jungen herauszugeben«, erklärt Haas. Er gibt an, er habe gehofft, Jones mit seiner Ankunft überraschen zu können, aber Beamte des Außenministeriums hatten einzelne Kirchenglieder bereits davon unterrichtet, daß er unterwegs sei.

Haas kam in Georgetown an. »Wir hatten gehofft, die Beamten in Guayana würden die Verfügung eines kalifornischen Gerichts ohne weiteres anerkennen und vollstrecken; aber man erklärte uns, das sei unmöglich.« Das hieß, daß Haas vor einem guayanischen Gericht noch einmal um das Kind kämpfen mußte. In Grace Stoens Namen beauftragte er einen ansässigen Anwalt, Clarence Hughes, damit. Der erste Schritt bestand darin, Jones eine Aufforderung zuzustellen, das Kind dem Gericht vorzuführen.

»Ich mußte ein Flugzeug nach Jonestown mieten, damit wir Jones das Papier zustellen konnten«, sagt Haas. Er flog zur Siedlung und versuchte, Jones die Ladung zu übergeben.

»Als wir ankamen, fragten wir nach Jones, aber Maria Katsaris (Jones' Geliebte) erhob Protest. Sie sagte, Jones sei schon seit zwei Tagen nicht dagewesen.« Haas gibt an, er und seine Begleitung seien nur ungefähr eine halbe Stunde in Jonestown geblieben und hätten nichts von dem Führer gesehen. Haas bat darum, auf dem Gelände herumgehen zu dürfen, aber das wurde ihm abgeschlagen.

Auf dem Rückweg zur Startbahn hätten sie jedoch zwei guayanische Einwanderungsbeamte überholt, die in der Siedlung gewesen wären und nur fünfundvierzig Minuten vorher mit Jones gesprochen hätten. Haas verzichtete darauf, nach Jonestown zurückzukehren und eine Gegenüberstellung zu erzwingen, und beschloß statt dessen, nach Georgetown zurückzufliegen und die gerichtliche Auseinandersetzung voranzutreiben.

Er und Hughes erwirkten das Einverständnis des Gerichts, daß eine persönliche Zustellung der Ladung an Jones nicht nötig sei. Einige Tage später suchten er und Tony London, ein guayanischer Vollstreckungsbeamte für das Gebiet um Jonestown, erneut das Lager auf, um eine öffentliche Bekanntmachung anzuschlagen, daß Jones den Jungen dem Gericht vorzuführen habe. »Diesmal waren die Leute sehr feindselig«, sagt er.

Die »Tempel«-Leute rissen die Anschläge so schnell wieder ab, wie Haas und London sie anbringen konnten. »Sie erklärten, sie würden auf Anraten ihres Anwalts die Vorladung nicht akzeptieren.« Abermals ließ sich Jones nirgends blicken.

»Während wir mit ihnen sprachen, versammelte sich ein Haufen junger Burschen um uns. Die Situation war bedrohlich, aber niemand griff uns offen an.«

Haas berichtet, »Tempel«-Mitglieder hätten London, dessen Stellung etwa der eines Hilfssheriffs entsprach, erklärt, drei Tage zuvor hätten zwei Männer versucht, Jones in Jonestown zu ermorden – am selben Tag, an dem Haas mitgeteilt worden war, Jones sei nicht da.

London habe auf den Widerspruch hingewiesen, sagt Haas, und die »Tempel«-Leute hätten erwidert, der Attentatsversuch »muß einen Tag vorher stattgefunden haben«. London erinnerte sie jedoch daran, daß sie Haas erklärt hatten, sie hätten Jones schon zwei Tage vor dem ersten Besuch des Anwalts nicht mehr gesehen.

»Dann wurde es brenzlig«, berichtet Haas weiter. »Tony London bat mich, in unseren Jeep zu steigen, während er den angeblichen Attentatsversuch untersuchen wollte.« Während Haas wartete, sei nach den Angaben des Anwalts ein Mann mit einem Gewehr die Straße heruntergekommen.

»In diesem Augenblick wußte ich nicht, was zum Teufel da

eigentlich vorging«, erklärt Haas. »Ich sprang aus dem Wagen und warf mich hinter dem Jeep auf den Boden.«

Es stellte sich heraus, daß London alle Waffen im Lager zu sehen verlangt hatte. Die Siedler hätten ihm zwei gebracht – das Gewehr und eine Pistole.

Bei diesem zweiten Besuch hielt sich Haas fünfundvierzig Minuten in Jonestown auf. Wieder durfte er nicht ohne Begleitung herumgehen, auch wenn er diesmal den Bereich um den Hauptpavillon zu sehen bekam. »Es gab keine gewaltsamen Auseinandersetzungen, aber die Situation war emotionell gewiß aufgeheizt«, sagt er. Er hatte Angst.

»Wir kehrten nach Georgetown zurück. Das Gerichtsverfahren kam von nun an keinen Schritt weiter«, berichtet Haas. »Wir versuchten, einen Haftbefehl gegen Jones zu erwirken, aber der Gerichtsbeamte lehnte es ab, ihn auszufertigen. Und sonst war niemand dafür zuständig. Wir hörten, Regierungsbeamte hätten eingegriffen.«

Es gelang Haas, einen Konsularbeamten der Vereinigten Staaten dazu zu bewegen, einen Brief an die guayanische Regierung zu schreiben und sich über die Verschleppungstaktik des Gerichts zu beschweren. Jonestown antwortete jedoch mit einer eidesstattlichen Erklärung, in der Grace Stoen beschuldigt wurde, ihre Mutterpflichten versäumt zu haben.

Haas flog heim. Eine neue Verhandlung wurde für Januar 1978 angesetzt. Haas erschien abermals mit Grace und Tim Stoen in Georgetown. Aber der zuständige Richter gab an, man habe ihn mit Mord bedroht, wenn er diesen Fall weiterverfolge, und erklärte sich für befangen. Die Geschichte mußte unter einem anderen Richter neu aufgerollt werden. Während sie sich in Guayana aufhielten, seien sie, berichten die Stoens, von »Tempel«-Mitgliedern ebenfalls mit dem Tod bedroht worden, wenn sie die Klage nicht zurückzögen. Ihren Sohn durften sie nicht sehen.

Steven A. Katsaris, Amtspsychologe im Bezirk Mendocino, der ein Therapiezentrum für Kinder mit schweren Verhaltensstörungen leitet, bemühte sich monatelang, seine Tochter Maria zu sprechen, die in Jones' Haus in Jonestown lebte und die Geliebte des Führers war. Als es ihm endlich gelang, kannte er sie kaum wieder.

Einer eidesstattlichen Erklärung zufolge, die Katsaris unterschrieb, teilte ihm seine 25jährige Tochter im Juli 1977 mit, daß sie San Francisco verlasse, um nach Jonestown zu gehen. Sie sagte, sie werde sich dort nur ein paar Wochen aufhalten; aber später rief sie an, um ihm mitzuteilen, daß sie einige Wochen länger bleiben werde. Etwa zur gleichen Zeit las Katsaris Zeitungsberichte über »psychologische und körperliche Zwänge« in Jonestown. Er begann sich Sorgen zu machen. Seine Tochter erklärte ihm am Telefon, er solle sich nicht beunruhigen, es gehe ihr gut. Katsaris erwiderte Maria, er wolle sie in Jonestown besuchen, und sie »schien von der Idee sehr angetan zu sein«. Marias Briefe an ihren Vater flossen über von Begeisterung. »Mit zu den schönsten Dingen gehört, den Kaituma-Fluß heraufzukommen«, heißt es in einem Brief. »Es ist schwer zu beschreiben, wie schön das ist. Es ist so friedlich. Ich sitze gern auf Deck und beobachte die wechselnde Szenerie, die vielen Tiere, die Vögel und die phantastischen tropischen Pflanzen.« Sie schrieb ausführlich über das Essen, das die Siedler in Jonestown bekamen, wobei sie besonders eine Bohnensorte lobte, die dort angepflanzt wurde, »Machete-Bohne« genannt. »Sie bereiten die Bohnen so zu, daß sie wie Wurstpasteten schmecken«, schrieb Maria ihrem Vater. »Es macht mir nicht das geringste aus, wenn ich nie mehr Fleisch bekomme, solange ich nur meine Bohnenpastete habe.«

»Noch ein letztes«, schrieb sie ein andermal. »Bitte, bitte, bitte, laß dich nicht von der schlechten Presse über unsere Kirche verwirren. Es ist einfach unfaßbar, daß die Zeitungen derart gemeine Lügen drucken dürfen, ohne daß man ihnen das Handwerk legt . . . Aber mich wundert das nicht. Eine Gesellschaft, die auf wirtschaftlicher Ungleichheit und Klassentrennung beruht, wird gewiß nicht so leicht eine Organisation dulden, die die wirtschaftliche und rassische Gleichheit auf ihre Fahnen geschrieben hat. Aber mögen sie glauben, was sie wollen, sie werden keinen Erfolg haben.« Der Brief schließt: »Ich liebe dich und vermisse dich. Schreib also. Deine Tochter Maria.«

Katsaris wollte am 26. September 1977 in Guayana eintreffen und rief die Kirchenleitung in San Francisco an, damit man Maria seine Ankunftszeit mitteilte. Mehrere Nächte später, so heißt es in seiner eidesstattlichen Erklärung, sei er dann angerufen worden, und man habe ihn gewarnt, die Reise anzutreten. Ein Anrufer betonte, das Haus Katsaris' stehe allein und könne allzu leicht niederbrennen.

Am 14. September rief Maria an. Sie bat, Katsaris möge seine Reise auf Dezember verschieben, zu welchem Zeitpunkt ohnehin eine Gruppe von Geistlichen Jonestown besuchen würde. »Das Funkgespräch zog sich, dank vieler Pausen und Unterbrechungen, arg in die Länge, aber der Sinn unserer Unterhaltung war, daß mir meine Tochter meinen Besuch auszureden versuchte«, schreibt Katsaris. Maria erklärte unter anderem, der Geist der Kirche vertrage keine Besuche Fremder. Katsaris entgegnete, Marias Briefe ließen erkennen, daß Jonestown nahezu täglich Besuch erhalte. Er erinnerte seine Tochter daran, daß er ihre Arbeit für die Kirche unterstützt habe, und fragte, ob er sie in Georgestown sprechen könne. Nach einer Pause erwiderte Maria, sie werde zum Zeitpunkt, zu dem er nach Guayana kommen wolle, gerade in Venezuela sein. Katsaris schlug vor, sie sollten sich in Venezuela treffen, aber sie entgegnete, sie werde sich dort mit ihrem »Verlobten« Larry Schacht, dem Arzt von Jonestown, aufhalten. Katsaris sagt, er habe später erfahren, daß man auch anderen Eltern erklärt habe, ihre Töchter seien mit Schacht verlobt oder verheiratet. Dahinter stand offensichtlich der Wunsch, die Eltern mit dem Hinweis zu beschwichtigen, ihre Kinder stünden im Begriff, einen Akademiker zu heiraten.

»Die langen Pausen in unserem Gespräch weckten in mir den Verdacht, daß jemand neben ihr stand und ihr vorsagte, was sie mir antworten sollte«, schreibt Katsaris in seiner eidesstattlichen Erklärung. »Als ich ihr schließlich erklärte, ich sei tief beunruhigt und hätte Angst, und ich würde alle legalen Mittel anwenden, um sie zu sehen, erwiderte sie, sie würde mit mir selbst dann nicht zusammentreffen, wenn ich nach Guayana käme.«

Am nächsten Tag schickte Katsaris Jim Jones ein Telegramm, in dem er seiner Sorge um Maria Ausdruck gab. Jones reagierte nie darauf.

Als Katsaris in Guayana eintraf, fand er in der amerikanischen Botschaft in Georgetown eine von Maria unterzeichnete Erklärung vor, daß sie ihren Vater nicht zu sehen wünsche.

Laut Katsaris hatte eine Vertreterin des »Tempels«, Paula Adams, den amerikanischen Beamten mitgeteilt, er sei ein Kinderschänder, der seine Tochter sexuell mißbraucht habe. Verwirrt und niedergeschlagen flog Katsaris in die Staaten zurück.

Katsaris sprach mit allen ehemaligen Mitgliedern des »Tempels«, die er ausfindig machen konnte, und kam dahinter, daß seine Tochter zum inneren Kreis der Kirche gehörte. Er erfuhr ferner, daß man von ihr verlangt hatte, einen undatierten Selbstmord-Abschiedsbrief zu unterschreiben, mit dem ihr Verschwinden erklärt werden konnte, falls sie die Kirche jemals verlassen sollte.

»Ich lebte in ständiger Angst um die Sicherheit meiner Tochter«, schreibt Katsaris. »Ich war davon überzeugt, daß die ›Volkstempel‹-Kirche ihre humanitären Bestrebungen und ihre sozialfürsorgerische Arbeit dazu mißbrauchte, ihr eigentliches Ziel zu verdecken: die Errichtung des Weltkommunismus (Faschismus?) mit Jim Jones an der Spitze, und daß sie vor nichts zurückschrecken würde, Verleumdung, Rufmord, Erpressung,

Gewaltandrohung und sogar Mord, um ihr Ziel zu erreichen.«

Im November war Katsaris erneut in Georgetown, und diesmal kam es endlich zu einer Zusammenkunft mit Maria. »Sie sah aus, als hätte sie nicht gut geschlafen oder als hätte sie lange Zeit nicht schlafen dürfen. Sie war voller Argwohn, abweisend und schien in einer merkwürdigen Welt des Wahns befangen«, schreibt Katsaris. »Die ganze Begegnung war für mich außerordentlich qualvoll und bedrückend. Ich erklärte meiner Tochter, wenn sie jemals heimkehren wollte, läge in der Botschaft ein Flugticket für sie bereit. Als ich von meinem Glauben an Gott und davon sprach, daß auf irgendeine Weise am Ende doch noch alles gut werden würde, betonten sie und eine zweite Frau aus der Kirche sofort, daß sie nicht an Gott glaubten.«

Katsaris unternahm keinen weiteren Versuch, mit Maria in Kontakt zu kommen, aus Furcht, damit ihr Leben in Gefahr zu bringen. Er schloß sich jedoch einer Gruppe von Eltern und Verwandten von »Tempel«-Mitgliedern an, die auf eine Überprüfung der Kirche drängte, und trug dazu bei, den Kongreßabgeordneten Leo Ryan zu seiner Reise nach Jonestown zu überreden.

Seine und der übrigen Familienangehörigen Sorge wurde auf die Spitze getrieben, als sich Jim Jones im März 1978 brieflich an alle Senatoren und Kongreßabgeordneten wandte.

»Wir im ›Volkstempel‹ sind das Opfer der Schikanen mehrerer Behörden der US-Regierung geworden und nähern uns rasch dem Punkt, an dem unsere Geduld erschöpft ist«, begann der Brief. Dann verbreitete er sich darüber, daß eine »Verschwörung« gegen Jones und seine Anhänger im Gange sei. Aber es war der Schluß, der Katsaris kalte Schauer über den Rücken jagte:

»Ich kann ohne Zögern sagen, daß wir uns dem Entschluß verpflichtet fühlen, es sei sogar besser zu sterben, als unaufhörlich von einem Kontinent zum anderen verfolgt zu werden.«

9

Deborah Layton: Flucht und Enthüllungen

1971 war Deborah Layton achtzehn Jahre alt, ein junges Mädchen wie tausend andere auch. Aber sie gehörte nicht zu den wurzellosen Großstadtmenschen. Sie war in Berkeley aufgewachsen, als die hübsche, braunhaarige Tochter einer wohlhabenden Familie – einer Familie, von der auch ihre Mutter und ihr älterer Bruder zur »Volkstempel«-Gemeinde gehörten.

Ihre ersten Besuche bei den Gottesdiensten im »Volkstempel« berührten sie tief. Sie wollte ihren Teil dazu beitragen, anderen zu helfen. Das starke Gefühl der Sendung und die durchgreifende Ordnung standen in tiefem Gegensatz zu der ziellosen, drogenorientierten Gesellschaft von Berkeley. Und es war dieses ernsthafte Gefühl, ein Ziel zu haben, das das attraktive, nachdenkliche junge Mädchen für Jim Jones gewann.

Jones und seine Männer bewiesen einen außerordentlichen, schmeichelhaften Respekt für ihre Tüchtigkeit, die sie trotz ihrer Jugend an den Tag legte. Sie wurde Schatzmeisterin des »Volkstempels« und eine von Jones' engsten Vertrauten.

Als Schatzmeisterin wußte Layton, daß der »Tempel« in San Francisco jeden Monat mindestens 65 000 Dollar an Sozialversicherungsschecks erhielt und einlöste. Von dem Geld ging nur wenig an die älteren Glieder der Kirche. Das meiste wurde dem »Reservefonds« zugewiesen, der Rest trug dazu bei, die Siedlung in Guayana aufzubauen.

Als sie 1977 nach Jonestown kam, wußte Deborah Layton schon etwas über die Methoden von Jones.

»Während der Jahre, in denen ich Mitglied war . . . verfolgte ich, wie sich die Organisation zunehmend von ihrer vorgeblichen Verpflichtung abwandte, für soziale Veränderung und echte Demokratie zu kämpfen.«

»Jones«, so sagt sie, »übte mit der Zeit eine tyrannische Macht über das Leben der ›Tempel‹-Mitglieder aus.«

Debbi Layton genoß es, Jones im »Haupttempel« von San Francisco predigen zu hören und zu sehen. Die meiste Zeit hatte sie das Gefühl, daß das, was er sagte, keinen Sinn ergab. Aber bei welchem Prediger, der drei oder vier Stunden hintereinander redete, war das nicht der Fall? »Als ich in den ›Tempel‹ eintrat, schien Pfarrer Jones klar zwischen Einbildung und Wirklichkeit zu unterscheiden . . . Wenn er irrationale Dinge äußerte, wußte er genau, daß sie irrational waren; er setzte das bewußt als Instrument seiner Führerschaft ein.

Sein Leitsatz war, daß der Zweck die Mittel heiligt.«

Für jene wie Deborah Layton, die an Jones' Zukunftsvision glaubten, war es erregend, ihn auftreten zu sehen. Er spielte auf den Gefühlen seiner Zuhörer wie auf einem Klavier, abwechselnd lobend und drohend. Er stieß finstere Prophezeiungen aus und beschrieb dann die Sicherheit, die mit dem Glauben an ihn und seine Auslegung der Evangelien zu gewinnen sei.

Jones' eigener Glaube an Deborah Layton wurde kurze Zeit vor ihrer Ankunft in Jonestown noch verstärkt. Er vertraute ihr so, daß er sie in San Francisco die Funkgespräche aus der vielbeschäftigten Urwaldkommune abhören ließ. Dabei wurden die Botschaften, die nach Kalifornien gingen, immer verwirrender.

Jones erklärte, er werde angegriffen. Das ehemalige »Tempel«-Mitglied Grace Stoen habe soeben ihren Rechtsanwalt Jeff Haas nach Guayana geschickt, damit er sie in dem komplizierten Streit um das Sorgerecht für ihren Sohn vertrete. Jones hörte nicht auf, über Grace und ihren Mann herzuziehen, über

Funk, in der Öffentlichkeit und bei den »Tempel«-Gottesdiensten.

Dann krächzte ein Auftrag für Deborah Layton und mehrere andere kalifornische Mitglieder des »Tempels« aus dem Funkgerät: »Sucht Timothy Stoen. Besticht ihn, damit er aufhört, Jones' gutes Werk anzugreifen.

Wenn fünftausend Dollar nicht reichen, bietet bis zu zehntausend.«

Tim Stoen war jedoch nicht zu bestechen. Daher folgten andere Anweisungen aus Jonestown: »Paßt Stoen vor dem Obergericht in San Francisco ab, stellt ihn in der Halle und hindert ihn hineinzugehen, und sei es mit Gewalt.« Wieder scheiterte die Mission.

Im Spätherbst 1977 wurden die Funkbotschaften aus Guayana immer hysterischer.

Jones' Berater für Öffentlichkeitsarbeit in San Francisco war Terry J. Buford. Terry Buford und Deborah wurden angewiesen, Beamten der Regierung von Guayana eine Botschaft zu übermitteln.

Die Botschaft war ungewöhnlich: Wenn die Regierung von Guayana nicht auf der Stelle geeignete Schritte unternehme, um das guayanische Gerichtsverfahren über das Sorgerecht für John Victor zu stoppen, werde die gesamte Bevölkerung von Jonestown sich um 17.30 Uhr dieses Tages in einem Massenselbstmord auslöschen.

Layton und Buford konnten keinen zuständigen guayanischen Beamten erreichen. Sie wußten aber, daß andere »Tempel«-Mitglieder denselben Auftrag erhalten hatten.

Kurze Zeit später traf ein neuer Funkspruch ein: »Mission erfolgreich abgeschlossen.« Das Gerichtsverfahren war aufgehalten, die Selbstmorddrohung widerrufen.

Als Deborah Layton in Jonestown ankam, wurde ihr klar,

daß die Drohung mit dem Massenselbstmord tödlich ernst gewesen war.

Einmal waren da die Lautsprecher.

Die Lautsprecher in Jonestown wiederholten unablässig Jones' Botschaften. Jones war im Durchschnitt sechs Stunden täglich über sie zu hören. Er wetterte über die »Verräter«, die den »Tempel« verließen. Und er sprach von der Strafe für Verrat – Tod. Wenn er erregt war, redete er scheinbar ewig, ohne Unterbrechung. Zeitweise behauptete er, er sei die Wiederverkörperung von Lenin, Jesus Christus und anderen historischen Gestalten. Er besitze mächtige Freunde in der ganzen Welt, von den Führern der Sowjetunion bis zu Idi Amin.

Die Lautsprecher plärrten unaufhörlich. Selbst wenn ein Siedler krank war und an den abendlichen Marathon-Zusammenkünften im Lager nicht teilnehmen konnte, konnte er Jones' Predigten nicht entkommen. Die Lautsprecher trugen die Worte in jede Ecke des einsamen, isolierten Lagers.

Später begriff Deborah Layton, daß sie einem Geiteskranken zugehört hatte. »Er behauptete, über göttliche Kräfte zu verfügen . . . Er verfüge über die Gabe der außersinnlichen Wahrnehmung, könne Kranke heilen und wisse, was jeder denke. Tagelang schlief er nicht, und wie unter einem Zwang kam er immer wieder auf die gegen ihn bestehenden Verschwörungen zurück. Er glaubte, daß ihm, weil er von allen Seiten lächerlich gemacht und verleumdet werde, ein Platz in der Geschichte versagt bleiben würde. Er war wie besessen von diesem Gedanken. Wenn er über den Verlust seines, wie er meinte, ihm gebührenden Platzes in der Geschichte nachdachte, erfaßte ihn tiefe Mutlosigkeit, und er hielt alles für verloren.«

Der Arbeitstag in Jonestown war anstrengend, so, wie er es in den »Tempel«-Kommunen und Einrichtungen in den Vereinigten Staaten gewesen war. Laut Layton arbeitete die überwältigende Mehrheit der »Tempel«-Mitglieder sechs Tage in der Wo-

Der »Volkstempel« in Jonestown, wenige Tage vor dem Massaker
(dpa)

che von 7 Uhr morgens bis 18 Uhr abends und am Sonntag von 7 Uhr morgens bis 14 Uhr nachmittags. Eine Stunde war für das Mittagessen reserviert, aber die meiste Zeit davon wurde damit zugebracht, zu den Küchen zurückzugehen, sich dort anzustellen und wieder zurückzulaufen. Andere Ruhepausen waren nicht vorgesehen.

Layton war bald erschöpft. Sie hatte dunkle Ringe unter den Augen und nahm stark ab. Reis zum Frühstück, Reiswassersuppe zum Mittagessen und Reis und Bohnen zum Abend: Das war der ganze Speiseplan.

Erschöpft, voller Angst und ohne jede Verbindung nach Zuhause, lauschte Debbi Jones' Wortergüssen, die zunehmend vom Tod sprachen.

»Es kristallisierte sich die Vorstellung eines Massenselbstmordes für den Sozialismus heraus. Da unser Leben ohnehin so elend war, und weil wir solche Angst davor hatten, Pfarrer Jones zu widersprechen, empörte sich niemand gegen diesen Gedanken«, erinnert sie sich.

Der einzige Lichtblick im Leben von Jonestown waren die Besucher, meist Verwandte von Mitgliedern, die das Urwalddorf besichtigen wollten. Dann gab das Lager buchstäblich eine Vorstellung, mit Jones als Regisseur. Die Arbeitszeit wurde verkürzt, Musik spielte, die Leute tanzten, und das Essen wurde besser.

Gelegentlich kamen Angehörige der amerikanischen Botschaft in Georgetown vorbei, aufgeschreckt durch wirre Gerüchte und alarmierende Meldungen über schlechte Behandlung. Sie trafen auf lächelnde Gesichter, auf opferwillige, inbrünstige Menschen, die an einen neuen Anfang glaubten. Und natürlich bekamen alle Besucher immer wieder heiße Dankeserklärungen für Jim Jones zu hören.

Einmal in der Woche wurde die »Weiße Nacht« exerziert, die schauerliche Probe für einen Akt unglaublicher Hingabe an Jones. Zur »Weißen Nacht« versammelte Jones die gesamte Einwohnerschaft. »Die Situation ist hoffnungslos«, sagte er. Im Urwald befänden sich Söldner. Die bewaffneten Wachen des Lagers – bei Tag patrouillierten bis zu dreißig Mann in grünen Tarnuniformen um das Lager, bei Nacht fünfzehn – würden nicht in der Lage sein, sie aufzuhalten. Wenn die Söldner eindrängen, wäre ihnen allen die Folter gewiß. Der einzige Ausweg bestünde in einem Massenselbstmord zum Ruhm des Sozialismus.

Allen wurde befohlen, sich aufzustellen, auch den Kindern. Jeder erhielt ein kleines Glas voll roter Flüssigkeit. »Innerhalb von fünfundvierzig Minuten«, sagte Jones ruhig, »seid ihr alle tot. Trinkt aus dem Glas.«

Die Menschen von Jonestown standen in der Dunkelheit und

warteten auf den Tod. Familien drängten sich eng zusammen und sprachen leise miteinander.

Aber obwohl sie tranken, starb keiner. Keine Krämpfe stellten sich ein. Jones, glücklich über das Verhalten seiner Jünger, erklärte ihnen, sie hätten eine harmlose Flüssigkeit zu sich genommen. Sie hätten die Treueprobe bestanden. Aber wenn er sich zum Mikrofon vorbeugte, nahm seine Stimme einen unheilvollen Ton an. In dieser Nacht seien die einzigen bewaffneten Männer hier die Lagerwachen, sagte er; aber die »Zeit ist nicht mehr weit, wo es zu sterben gilt«.

»Die quälende körperliche Erschöpfung war so groß«, sagte Deborah Layton später, »daß dieses Ereignis mich nicht weiter berührte.«

Das Leben wurde in ein festes Schema gepreßt. Die außerordentliche Disziplin kam jedem normal vor. Selbst die Kinder nahmen sie hin. Nahezu alles brachte Strafen ein. Für Erwachsene war ein Aufenthalt von einer Woche in der »Kiste«, einem Holzgefängnis von 90 × 90 × 180 Zentimetern, nichts Ungewöhnliches. Auf die Kinder wartete der »Große Fuß«.

Gewöhnliche Kinderstreiche hatten einen Marsch auf einem dunklen Weg zur Folge, bei dem jedes Kind von einer Lagerwache begleitet wurde. Der Weg führte zu einem Brunnenschacht, wo Jones wartete. Weiß vor Angst wurden die Kinder hochgehoben und an einem Seil ins Wasser hinuntergelassen. Andere Mitglieder warteten in der Dunkelheit, um nach Jones' Anweisungen die Kinder zu ergreifen und unter Wasser zu tauchen. So bezahlten die Kinder, getrennt von ihren Eltern und ohne jede Hilfe, für ihre Vergehen.

Später mußten sie sich bei »Papa« – Pfarrer Jim Jones – laut und wiederholt bedanken und ihm gestehen, wie leid ihnen ihr Ungehorsam tue. Wenn sie das nicht machten, wartete erneut der »Große Fuß« auf sie. Ihre Angstschreie gellten oft laut durch Jonestown, bis sie im wuchernden, stummen Urwald verhallten.

Sooft den Bewohnern von Jonestown der Gedanke an Flucht kam, wurde er unterdrückt. Layton beschloß erst zu gehen, als ihr die Möglichkeit dazu buchstäblich aufgedrängt wurde. Sie sagte nichts zu ihrer Mutter oder ihrem Bruder. Sie bereitete sich einfach darauf vor, fortzugehen.

Sie wurde zur »Tempel«-Arbeit in Georgetown eingeteilt. Als sie in der Hauptstadt von Guayana war, so sagte sie später, »faßte ich den Entschluß, zu fliehen oder bei dem Versuch zu sterben. Ich setzte mich insgeheim mit meiner Schwester in Verbindung, die mir telegraphisch ein Flugticket zukommen ließ.«

Die Angst und Irrationalität, die Jonestown gefangenhielten, waren schwer abzuschütteln. Jones erklärte seinen Anhängern, er habe einen Spitzel in die amerikanische Botschaft in Georgetown eingeschleust. Er werde von jedem erfahren, der versuchen sollte, sich mit der Botschaft in Verbindung zu setzen und fortzugehen. Debbi glaubte es oder glaubte es wenigstens halb. Alles schien möglich zu sein.

Es gab natürlich keinen Spitzel. Zwei Angestellte der Botschaft, Richard McCoy und Daniel Weber, halfen Debbi, einen Paß zu bekommen und das Land zu verlassen. Es war ganz einfach. Sie bestieg ein Flugzeug und flog fort.

Layton kam in San Francisco mit dem festen Vorsatz an, die Regierung auf die seltsamen und unheimlichen Vorgänge in Guayana aufmerksam zu machen. Das stellte sich als schwierig heraus. Die Presse in San Francisco ging immer noch sehr behutsam vor, obwohl man begonnen hatte, sich ernsthaft mit dem »Volkstempel« zu befassen. Jones hatte einflußreiche Freunde, sowohl in der Verwaltung wie bei den Zeitungen. Die Gunst, die ihm große Teile der Bevölkerung entgegenbrachten, vor allem der farbigen, war eine ernst zu nehmende Macht.

Debbi setzte sich mit Rechtsanwalt Jeff Haas in Verbindung

und gab mit ihm zusammen eine ausführliche eidesstattliche Erklärung ab. Darin faßt sie ihre Erlebnisse im »Tempel« zusammen. Im ersten Absatz heißt es ganz unmißverständlich:

»Die Absicht dieser eidesstattlichen Erklärung ist es, die Regierung der Vereinigten Staaten auf das Bestehen einer Situation aufmerksam zu machen, die das Leben von Bürgern der Vereinigten Staaten in Jonestown, Guayana, bedroht.«

Die elf Seiten lange Erklärung schildert ausführlich den Verfall von Jones' Geisteszustand, den Inhalt seiner langen Reden, das Treiben der bewaffneten Wachen, die es nahezu unmöglich machten, Jonestown zu verlassen, die harten Arbeitsbedingungen, die unzureichende Ernährung, den Terror und die brutalen Strafen und schließlich die rituellen Proben der »Weißen Nacht«.

Die Erklärung machte bei Reportern in San Francisco die Runde. Haas rief jeden an, den er persönlich kannte, und bat um Berichterstattung. Die meisten gingen nicht darauf ein. Lediglich der *San Francisco Chronicle* berichtete kurz über die Erklärung.

Der Artikel, veröffentlicht am 16. Juni 1978, begann so:

»Der Urwald-Außenposten des ›Volkstempels‹ in Südamerika wurde gestern als ein weit entlegenes Reich geschildert, wo der Kirchenführer, Pfarrer Jim Jones, öffentliche Prügelstrafen anordnet, eine Truppe von 50 bewaffneten Wachen unterhält und seine 1100 Anhänger zu einer Drohung mit Massenselbstmord veranlaßt hat.«

Wieder gab es, selbst nachdem dieser Bericht erschienen war, keinen allgemeinen Aufschrei, der verlangt hätte, der Sache nachzugehen. Es gab nur eine einzige Ausnahme – in den Büros des Kongreßabgeordneten Leo Ryan von San Mateo, Kalifornien, entfaltete sich eine lebhafte Aktivität.

10

Der Kongreßabgeordnete Leo Ryan

Leo Ryan, 53, demokratischer Politiker aus Kalifornien, hatte seit über einem Jahr Berichte über Mißhandlungen, geheime Waffenlager, Selbstmordübungen und Personen gesammelt, die gegen ihren Willen in Jonestown festgehalten wurden.

Er war nicht der erste Abgeordnete, an den sich frühere »Volkstempel«-Mitglieder oder besorgte Verwandte von Jim Jones' derzeitigen Anhängern wandten; aber Ryan war der erste, der mehr als ein flüchtiges Interesse für die Situation in Guayana aufbrachte.

Ohne es zu wissen, hatten die Kritiker des »Volkstempels« endlich den einen Mann gefunden, der durch seinen Charakter und seine persönlichen Interessen dafür prädestiniert war, einen langen, scharfen und schließlich tödlichen Blick auf die rätselhafte Sekte zu werfen.

Leo Joseph Ryan, aus Nebraska stammend und von Beruf Lehrer, wandte sich Mitte der fünfziger Jahre der Politik zu. »Leo war nicht damit einverstanden, wie sich die Dinge während (Senator Joseph) McCarthys Ära entwickelten, und er wollte in die Politik gehen, um etwas dagegen zu tun«, erinnert sich Joe Holsinger, Ryans langjähriger Helfer und bester Freund.

Damals unterrichtete der aus dem Mittleren Westen stammende Ryan an einer Oberschule im Vorort San Bruno von San Francisco. Er wurde 1956 bei seiner ersten Bewerbung um ein öffentliches Amt in den Stadtrat des benachbarten South San Francisco gewählt, eines anderen Vororts der Großstadt.

1961 nahm Ryan an einem Ereignis teil, das vielleicht zum auslösenden Moment wurde, weshalb er sich in die Nachforschungen über den »Volkstempel« einschaltete.

Ryan unterrichtete tagsüber an der Capuchino-Oberschule Englisch und Bürgerkunde und kam nur abends seinen Pflichten als Stadtrat nach. Als Betreuer der Schulkapelle, die bei der Antrittsparade mitmarschieren sollte, war er dazu bestimmt, an der Amtseinführung des neugewählten Präsidenten John F. Kennedy teilzunehmen.

In dieser Januarwoche waren Hotelzimmer in Washington knapp, so daß sich Ryan ein Zimmer mit Sammy Houston teilen mußte, einem Fotografen von Associated Press, der beauftragt war, die Schulmusiker aus der San Francisco Bay Area zu fotografieren. Houstons beide Enkelkinder sollten eines Tages nach Jonestown in Guayana kommen; ihre Namen stehen nicht auf der Liste derer, die überlebt haben.

Damals, 1960, erschien Houstons Foto, das er von Leo Ryan und seinen Schülern beim Marsch durch die Pennsylvania Avenue gemacht hatte, auf den ersten Seiten der Zeitungen im ganzen Land. Ryans junge politische Laufbahn erhielt mächtigen Auftrieb.

Der Politiker und der Pressefotograf blieben weiterhin in Verbindung, und es war diese Beziehung, die Ryan schließlich zu einer Begegnung mit dem »Volkstempel« führen sollte.

Inzwischen bewarb sich der junge Stadtrat 1962 um einen Sitz im kalifornischen Abgeordnetenhaus und wurde für die erste von fünf Amtsperioden gewählt. Ryan war der erste Demokrat seit über einem Jahrhundert, der San Mateo County im Parlament vertrat; die Wähler der Demokratischen Partei, Arbeiter und Mittelklasse im Norden, hatten endlich die reichen republikanischen Vorortbewohner im Süden des Bezirks überstimmt.

Ryan brauchte nicht lange, um sich einen Ruf als aggressiver,

Leo J. Ryan *(San Francisco Chronicle)*

unberechenbarer Parlamentarier mit einer Neigung zum Abenteuer und mit dem Talent, Schlagzeilen zu machen, zu erwerben.

Eines Tages verließ er unauffällig Sacramento, die Hauptstadt des Bundesstaates, und begann in der vorwiegend von Farbigen besuchten Jefferson-Oberschule – sie lag in einem verrufenen, armen Viertel von Los Angeles Mitte-Süd – als Lehrer zu arbeiten. Dort würde er, weit von seinem Heimatbezirk, nicht erkannt werden, und nur eine Handvoll Schulbeamter wußten, daß der neue Aushilfslehrer ein Parlamentarier war, der seine Hausaufgaben über die Probleme von Großstadtschulen erledigte.

»Es war ein Alptraum«, sagte Ryan, als er aus dem akademischen Untergrund auftauchte und die Zeitungen informierte.

Diese persönliche Einstellung zur gesetzgeberischen Arbeit, die darauf hinauslief, sich selbst ein Bild von den anstehenden Problemen zu machen, wurde zu Ryans Markenzeichen. Einige seiner Kollegen im Parlament rümpften die Nase über die Abenteuer des Demokraten aus San Mateo, die sie als Effekthascherei betrachteten; aber die meisten zollten seiner aggressiven Aktivität Beifall.

»Leo glaubte, die Parlamentarier sollten die Dinge lieber selbst in Augenschein nehmen, statt sich von anderen darüber berichten zu lassen«, erklärte Joe Holsinger Jahre später. »Er hielt es für seine Pflicht, die Probleme der Menschen, die er vertrat, direkt zu prüfen.«

1970 recherchierte Ryan erneut vor Ort. Er sorgte dafür, daß er eine Woche im Folsom-Gefängnis verbrachte, Kaliforniens strengstbewachter Strafanstalt für unverbesserliche Strafgefangene. Es war, so sagte er später, »das furchtbarste Erlebnis meines Leben«.

Im Vertrauen darauf, Reformen des Strafvollzuges ließen sich am schnellsten durchsetzen, wenn die dafür zuständigen Amtsträger am eigenen Leib erführen, wie es im Gefängnis zuging, verbrachte Ryan acht Tage hinter Gittern. Seine 2,7 mal 3,6 m große Einzelzelle lag im beschönigend so genannten »Anpassungs«-Bereich der Strafanstalt.

Er unterrichtete Aufseher und Insassen zuvor von seinem Besuch und wurde, wenn er mit Strafgefangenen zusammentraf, von Aufsehern begleitet – es gibt eine Grenze, wo Mut zur Dummheit wird, und Ryan überschritt sie nie. Aber er bekam Kontakt zu den Gefangenen und wurde in einem Fahrzeug voll angeketteter Sträflinge in Handschellen und mit Beineisen nach Folsom gefahren.

Ryans Abenteuer löste zahllose Veröffentlichungen aus. Das half ihm, vom Abgeordnetenhaus in Kalifornien 1972 zum US-Repräsentantenhaus aufzusteigen, als Kongreßabgeordneter des Elften Distrikts von Kalifornien, eines weitläufigen Gebiets von Vorortstädten und Kleinstädten, das sich von San Francisco aus über die halbe Halbinsel bis nach San José erstreckt.

Im Kongreß erwarb er sich schnell den Ruf eines Einzelgängers, der eher seinen eigenen Instinkten als der offiziellen Haltung der Partei folgte. »Er war ein Mensch, der auf eigene Faust handelt«, äußerte der Kongreßabgordnete Pete Stark, Demokrat aus Oakland. »Man hatte nie die Gewißheit, daß er, nur weil er Demokrat, Liberaler oder aus Kalifornien war, irgend etwas Bestimmtes tun oder lassen würde. Leo marschierte stets hinter seiner eigenen Trommel her.«

Ryans Art, sich unmittelbar zu orientieren, hatte zur Folge, daß er ständig unterwegs war. Seine Informationsreisen während seiner Kongreßzeit führten ihn durch nahezu alle Kontinente.

Seine politischen Gegner gaben gern zu, daß Ryan einer der weitestgereisten Abgeordneten sei; aber ihre Vorwürfe, er unternehme auf Kosten der Steuerzahler teure Vergnügungsreisen, konnte an seinen Wahlsiegen wenig ändern; er verfügte in seinem Wahlkreis über eine sichere Mehrheit.

Der Kongreßabgeordnete Leo J. Ryan 1970 bei der Untersuchung der Zustände im Gefängnis Folsom *(Wide World Photos)*

Ryan, zweimal geschieden, lebte allein in einem schönen Stadthaus, etwa eine Meile vom Kapitol in Washington entfernt. Er hatte fünf Kinder: Christopher, 29; Shannon, 26; Patricia, 25; Kevin, 23; und Erin, 21.

Sein Beharren auf einer eigenen Meinung hätte möglicherweise die Laufbahn jedes anderen Politikers beeinträchtigt. Obwohl er Lehrer gewesen war, sprach er sich beispielsweise entschieden gegen die langfristige Anstellung von Lehrern an öffentlichen Schulen aus und unterstützte Experimente, die es den Eltern erlauben sollten, ihre Kinder mit öffentlichen Zuschüssen auf Privatschulen zu schicken. Diese Einstellung entsprang seiner ganz persönlichen Überzeugung, und sie trug Ryan die Feindschaft der organisierten Lehrer und anderer einflußreicher Gewerkschaftsorganisationen in seinem Bezirk ein.

Trotz seiner häufig belasteten Beziehungen zu den Gewerkschaften wurde Ryan 1974, 1976 und 1978 mühelos wiedergewählt – wenige Tage, bevor er nach Guayana flog.

Zu Ryans Wählern gehörte auch die Familie Hearst, und er nannte sich selbst »Patty Hearsts Kongreßabgeordneter«, als er Beamte des Justizministeriums aufforderte, Pattys Strafe für die Beteiligung an einem Bankraub in San Francisco, nachdem sie entführt worden war, zur Bewährung auszusetzen.

Sein Studium des Falles Hearst war eine der ersten Gelegenheiten, bei denen Ryan mit dem Begriff der Gehirnwäsche konfrontiert wurde, ein Thema, das bei seinen Ermittlungen über den »Volkstempel« eine so wichtige Rolle spielen sollte.

Der Hintergrund für Ryans Interesse an Jim Jones' Sekte war bereits geschaffen, als sich einige Jahre vorher ein Mitglied seiner eigenen Familie einem anderen religiösen Kult verschrieb.

»Leo erlebte in seiner eigenen Familie mit, welche Gefahr solche Sekten mit sich brachten«, erinnerte Holsinger sich später. »Schon ehe man ihn aufforderte, sich mit dem ›Volkstempel‹ zu befassen, hatte er eine Vorstellung davon, was diese Gruppen taten.«

Die erste Aufforderung, sich um den »Volkstempel« zu kümmern, erreichte Ryan im Frühling 1977, und zwar von seinem alten Freund und Zimmergenossen Sammy Houston. Er schrieb dem Abgeordneten einen Brief, und Ryan besuchte ihn in San Bruno in seinem Haus.

»Sammy hatte durch Krebs den Kehlkopf verloren und konnte nicht reden«, sagt Holsinger. »Er benützte also eine Schiefertafel und ein Stück Kreide, um uns seine Probleme darzustellen. Seine Frau half aus.«

Was Houston Ryan berichtete, war eine traurige Geschichte. Sein Sohn Bob hatte sich für eine Weile Jim Jones' Gemeinde angeschlossen und hatte dann unter mysteriösen Umständen, bald nachdem er aus dem »Volkstempel« ausgetreten war, in einem Güterbahnhof von Oakland den Tod gefunden. Zwei hübsche kleine Mädchen, Sammy Houstons Enkelkinder, hielten sich bei Jones' Sekte in Guayana auf. Mit Tränen in den Augen bat Houston seinen Abgeordneten nachzuforschen, ob es seinen Enkelkindern gut gehe, und sie, wenn möglich, in die Vereinigten Staaten zurückzubringen. Er habe, so sagte er, Berichte über Gewalttaten und sexuellen Mißbrauch gehört, auch bei Kindern.

Ryan war entschlossen, den Auftrag anzunehmen.

Holsinger erinnert sich: »Leo sagte: ›Sammy, ich werde alles tun, was ich kann, um Ihre Enkeltöchter zurückzuholen.‹«

Nach dem Besuch bei Houston begannen sich andere Familien an Ryan zu wenden. Manche gehörten zu seinem Stimmkreis, viele aber nicht. Sie wandten sich an den Kongreßabgeordneten von San Mateo, weil er der einzige Abgeordnete der Bay Area im Ausschuß für internationale Beziehungen des Repräsentantenhauses war und weil er zudem der einzige war, der sich ernsthaft mit diesem Problem zu beschäftigen schien.

Ryan versuchte zunächst über das Außen- und Justizministerium vorzugehen – bemüht um Informationen und, notfalls, eine staatliche Intervention. Er erreichte jedoch nichts. Beide Bundesbehörden betonten, sie seien der Überzeugung, daß es in Jonestown friedlich zugehe, erklärte Holsinger später.

Im Sommer 1978 traf Ryan sich laufend mit Angehörigen von »Tempel«-Mitgliedern und ehemaligen Anhängern der Sekte. Sie berichteten von Mißhandlungen und anderen Greueln. Die Bundesbehörden weigerten sich nach wie vor, etwas zu unternehmen.

Jones' Gegner drängten Ryan, sich Jonestown selbst anzusehen. »Fliegen Sie hin und nehmen Sie uns mit. Vielleicht können wir erreichen, daß dem amerikanischen Botschafter ein Licht aufgeht«, sagten sie. »Wenigstens könnten wir dort unsere Verwandten sehen«, flehten sie.

Ryan reagierte skeptisch auf die vielen Greuelgeschichten. Aber wie Holsinger sagt: »Leo wußte, daß jede Sache zwei Seiten hat, und seine Art, die Wahrheit herauszufinden, bestand nun einmal darin, hinzugehen und sich das selbst anzusehen.«

Auf seine typisch offenherzige Art erklärte Ryan den besorgten Angehörigen und Beamten des Außenministeriums, wenn in Jonestown Menschen gegen ihren Willen festgehalten werden sollten, würde er sie selbst herausholen.

Im Herbst begann Holsinger die Reise vorzubereiten. Er ging mit penibler Sorgfalt vor, um sicherzustellen, daß es sich um den offiziellen Besuch eines Mitglieds des Ausschusses für internationale Beziehungen im Repräsentantenhaus handeln würde – nicht um das Unternehmen eines Einzelgängers.

Ryan sprach mit dem Ausschußvorsitzenden Clement Zablocki, einem Demokraten aus Wisconsin, der dieser Informationsreise den amtlichen Segen gab und zusagte, die Kosten über das Ausschußbudget zu verrechnen.

Ryan lud noch andere Mitglieder des Ausschusses ein, ihn zu begleiten, aber nur der Abgeordnete Edward Derwinski, Republikaner aus Illinois, nahm die Einladung an. Im letzten Augenblick, als Ryan schon am Flugplatz wartete, überlegte Derwinski es sich anders.

»Alles geschah ordentlich und streng nach den Vorschriften«, sagt Holsinger. »Wir kabelten dem US-Botschafter in Guayana und baten ihn, alles Nötige für einen offiziellen Besuch zu veranlassen. Wir schickten am 1. November auch Jim Jones ein Telegramm und teilten ihm mit, daß Leo käme. Es war ein versöhnliches, mildes, in keiner Weise drohendes Telegramm.«

Die Nachricht von der Reise nach Guayana wurde von Holsingers Sohn Will der Presse mitgeteilt. Will Holsinger, Anwalt, stellte im Auftrag Ryans juristische Ermittlungen über den »Volkstempel« an und prüfte, ob die Sekte nicht gegen verschiedene Gesetze der Vereinigten Staaten verstieße, vor allem, was den Umgang mit Schecks der Sozialversicherung und das Verhalten hinsichtlich der Steuerfreiheit betraf.

Der junge Holsinger erwähnte die bevorstehende Reise zum erstenmal Gordon Lindsay gegenüber, einem englischen Journalisten, der mehrere Artikel über den »Volkstempel« geschrieben hatte und mit Ryans Stab engen Kontakt hielt.

Lindsay konnte nicht mitfliegen, aber er unterrichtete die National Broadcasting Company, weil die Sendegesellschaft einen Dokumentarfilm über Sekten vorbereitete. NBC rief in Ryans Büro an und erklärte, man wolle ein Reporterteam mitschicken. Ryan war einverstanden.

Ein oder zwei Tage später meldete sich der Reporter Tim Reiterman vom *San Francisco Examiner* bei Ryan. Er hatte über ehemalige »Volkstempel«-Mitglieder von der Reise erfahren und wollte auch dabei sein.

Daraufhin, sagt Holsinger, habe er David Perlman, den Redakteur des *San Francisco Chronicle,* angerufen und beiläufig erwähnt, Ryan werde nach der Wahl Guayana besuchen.

Perlman fragte sofort, ob Guayana Jonestown bedeute. Als

Holsinger bejahte, sagte Perlman, er wolle einen Reporter mitschicken.

»Joe warnte uns, daß es keine Garantie gäbe, Ryan oder irgendein anderer würden weiterkommen als bis Georgtown«, erinnert sich Perlman. »Ich besprach die Sache mit Bill German, unserem Chefredakteur, und Dick Thieriot, unserem Herausgeber. Wir waren uns alle darin einig, daß jemand Ryan begleitete.«

Perlman sprach sich dagegen aus, Marshall Kilduff zu schikken, den Reporter, der mehrere Jahre lang so viel über den »Volkstempel« geschrieben hatte, weil Jones und seine Vertrauten den hartnäckigen jungen Reporter als Feind ansahen.

»Offen gesagt, wir waren der Meinung, es könnte für Marshall da unten nicht ungefährlich werden«, sagt Perlman. »Das mindeste war, daß man ihn belästigen und bedrängen würde. Es bestand auch die Möglichkeit, daß allein seine Gegenwart genügte, Jonestown für die gesamte Gruppe zu sperren.«

Perlman beschloß, statt Kilduff Ron Javers mitzuschicken. Ravers war in der Stadt vergleichsweise neu; in seinen zehn Monaten beim *Chronicle* hatte er kein einziges Wort über den »Volkstempel« geschrieben. Er hatte in Harvard das Nieman-College besucht und war in erster Linie politischer Reporter, der die meisten Artikel des Blattes über einen Antrag auf Steuersenkung und über die Steuerrevolte in Kalifornien geschrieben hatte.

»Ron ist ein zupackender, energischer, fähiger Reporter«, sagte Perlman später. »Er war damals dem ›Volkstempel‹ noch unbekannt. Das gab bei der Entscheidung, ihn nach Guayana zu schicken, den Ausschlag.«

Da die Reporter in San Francisco erst wenige Tage vor dem geplanten Abflug von ihrer Mission erfahren hatten, blieb ihnen keine Zeit, sich alle Genehmigungen zu beschaffen, die Journalisten für einen Besuch in Guayana brauchen. Sie unternahmen im letzten Augenblick, was noch möglich war, und verließen sich im übrigen auf die Zusicherungen Ryans und des guayanischen Pressebüros in Washington, daß sich das alles noch nach ihrer Ankunft in Georgetown regeln ließe.

Holsinger gab später an, die Regierung von Guayana habe alles getan, was möglich war, um zu verhindern, daß Leo von Presseleuten begleitet wurde. »Sie zeigte kaum Interesse daran, uns bei den Vorbereitungen zu unterstützen. Man erklärte uns immer wieder, Guayana sei ein kleines, empfindliches Land, und die Regierung der Vereinigten Staaten solle jeden Anschein vermeiden, wie ein gemütsroher Riese zu handeln.«

Während die beiden Regierungen sich wenig Mühe gaben, den Journalisten in Ryans Begleitung den Weg zu ebnen, versicherte der Kongreßabgeordnete selbst den Reportern: »Verlaßt euch auf uns. Wir bringen euch durch.«

Eine Bemerkung, wie sie für Ryan typisch war. Er konnte so herrisch sein wie nur irgendein Kongreßmitglied. Der große, gutaussehende Abgeordnete war nicht der Mann, sich mit Dummköpfen oder hinhaltend taktierenden Bürokraten abzugeben – und er war erst recht kein Mann, der ein Nein einfach hinnahm.

Die Einreise nach Guayana am 14. November wickelte sich für die ganze Gruppe ohne Schwierigkeiten ab – ausgenommen Javers vom *Chronicle*. Er rief Perlman spät nachts vom Temehri International Airport in Georgetown an und bat um Hilfe: Er werde von guayanischen Beamten festgehalten, wisse aber nicht, warum.

Zuerst erklärten die Beamten Javers, seine Papiere seien nicht in Ordnung. Dann sagten sie, man halte ihn am Flughafen fest, weil er sich gegen die guayanischen Währungsbestimmungen vergangen habe.

Vor dem Abflug hatte Javers in San Francisco für fünfundsiebzig amerikanische Dollar 330 Guayana-Dollar gekauft.

»Es stellte sich heraus, daß ein Reisender höchstens fünfzehn Guayana-Dollar einführen dürfe«, erklärte Perlman später. »Nachdem wir von Rons Problem am Flughafen gehört hatten, führten wir eine Reihe dringender Telefongespräche mit Ryans Büro und der guayanischen Botschaft in Washington, um die Sache zu bereinigen und Javers die Einreise nach Guayana möglich zu machen.«

Um 2 Uhr nachts Washingtoner Zeit erreichte Perlman endlich den Abgeordneten Philip Burton. Er vertrat das Stadtgebiet von San Francisco im Kongreß und war ein Mann von weitreichendem Einfluß.

Der polternde Burton, der bekanntlich bei der geringsten Provokation einem Bürokraten das Fell über die Ohren zieht, schlug sich für Javers ins Mittel.

Einige Stunden später rief ein Mitarbeiter des Außenministeriums Perlman an, um ihm zu versichern, die amerikanische Botschaft in Guayana sei verständigt worden, und Botschaftsangehörige hätten sich auf den Weg gemacht, um Javers loszueisen.

Javers wurde dank dem Eingreifen des Kongresses freigelassen, und die Reporter gewannen den Eindruck, daß Ryan der Garant für ihre Sicherheit war. Was sie nicht wußten, war, daß Ryan ihnen dieselbe Rolle zuschrieb.

»Ryan war der Meinung, die Presse sei sein bester Schutz, und die Presse glaubte, er sei ihr Schutz«, erinnert sich Holsinger traurig. »Dann hat sich herausgestellt, daß sich beide täuschten.«

Später erinnerte sich Holsinger auch an ein Gespräch, das Ryan wenige Tage vor seinem Abflug nach Guayana mit den Mitarbeitern des Kamerateams von NBC geführt hatte, die ihn begleiten sollten.

»Als Leo ihnen von seinen Erlebnissen in der Strafanstalt

Folsom erzählte, fragte ihn Bob Brown, der Kameramann, was das Wichtigste sei, das er daraus gelernt habe.

Leo sagte: ›Ich habe gelernt, keine Angst mehr zu haben. Ich bin dahintergekommen, daß man nicht der Angst nachgeben darf, wenn man irgend etwas erreichen will.‹

Daraus resultierte Leo J. Ryans Entschluß, die Wirklichkeit jeweils genau unter die Lupe zu nehmen, jede Ungerechtigkeit aufzudecken und keine Angst zu zeigen. Aber diesmal standen Ryan, seine Mitarbeiter und die Journalisten im Begriff, sich mit dem Irrationalen und dem Unberechenbaren einzulassen.

Wenige Augenzeugenberichte über die brutalen Stunden in Jonestown und Port Kaituma sind so lebendig wie das, was die folgenden Seiten enthalten. Es ist die Niederschrift eines Tonbanddiktats, das Ron Javers auf einem Krankenbett im Luftwaffenstützpunkt Andrews gemacht hat, einen Tag nachdem ein Geschoß vom »Volkstempel« aus seiner Schulter entfernt worden war.

11

Der Augenzeugenbericht aus Guayana

Guayana, 15. und 16. November

Im Rückblick scheint es ein geringes Opfer, zwölf Stunden lang von der guayanischen Einwanderungsbehörde festgehalten worden zu sein. Verglichen mit dem, was sich in dieser Woche noch ereignen sollte, war es nichts.

Alles, was ich zu diesem Zeitpunkt wußte, war, daß ich mitten in der Nacht in einem Land, dessen Regierung den Vereinigten Staaten nicht eben freundlich gegenüberstand, von Einwanderungsbehörden festgehalten wurde.

Der Kongreßabgeordnete Ryan, der erklärt hatte, er werde uns helfen, sicher ins Land zu kommen, war schon zur amerikanischen Botschaft in Georgetown vorausgefahren, das fünfzig Kilometer weiter nördlich liegt.

Unser Pan-American-Flug, der New York am Dienstagnachmittag, dem 14. November, verlassen hatte, traf am Mittwochmorgen fünf Minuten nach Mitternacht auf dem Tehmeri International Airport ein.

Wir betraten das niedrige, hölzerne Flughafengebäude und warteten auf die Ausweis- und Zollkontrolle. Die Reihen waren lang, wir kamen nur mühsam vorwärts, und es war sehr, sehr warm. Die Erde dampfte von dem starken Regen, der das Flugfeld aufweichte.

Das NBC-Fernseh-Team, das sich schon seit geraumer Zeit mit unserem Thema befaßte, verfügte über offizielle Pressevisa und passierte die Kontrollen ohne nennenswerte Schwierigkeiten.

Ebenso ging es Tim Reiterman und Greg Robinson vom *San Francisco Examiner,* die wie ich keine Einreiseerlaubnis besaßen und sich von mir in nichts zu unterscheiden schienen. Charles Krause, der Korrespondent der *Washington Post* für Lateinamerika, hatte den Auftrag, nach Georgetown zu fliegen, erst am Vortag erhalten. Auch er kam mühelos durch.

Als ich an der Reihe war, wurde mir der Paß abgenommen, ebenso das Geld, das ich bei Deak & Co. in San Francisco eingetauscht hatte, um etwaige Auslagen begleichen zu können, die anfallen mochten, ehe ich zu einer Bank kam – 330 guayanische Dollar, der Gegenwert von etwa fünfundsiebzig Dollar.

Der diensthabende Korporal drückte einen Stempel in meinen Paß: »Keine Einreiseerlaubnis.« Eine Erklärung wollte er mir nicht geben. Ein paar Soldaten in Khakiuniform führten mich in einen fünf mal fünf Meter großen Raum und befahlen mir zu warten.

Angestellte der Fluggesellschaft versuchten mir zu helfen. Pan Am bot sich an, für meine Bewachung während der Nacht zu garantieren, und schlug vor, mich in einem Hotel in Georgetown übernachten zu lassen. Als das abgelehnt wurde, wollte man einen Pan-Am-Aufenthaltsraum zur Verfügung stellen.

Inzwischen hatten alle anderen aus unserer Gruppe das Flughafengebäude verlassen, mit Ausnahme von Bob Flick von der NBC. Flick sagte, er werde bei mir bleiben, solange das notwendig sei.

Wir saßen auf einem brüchigen grünen Kunstledersofa und unterhielten uns.

Einer meiner Bewacher schlief bald ein. Ich beneidete ihn, aber für mich gab es keinen Schlaf. Ich war zu aufgeregt; nie in meinem Leben hatte ich mich weniger müde gefühlt.

Luftaufnahme von einem Teil der Toten in Jonestown, ▷
21. November 1978 *(UPI)*

Um 3.20 Uhr erschien der Korporal und fragte Flick, ob der Produzent »als besondere Gefälligkeit für die Einwanderungsbehörde« nicht einen der Beamten mit seinem Leihwagen nach Georgetown fahren könnte.

Flick warf dem Korporal die Autoschlüssel zu und sagte, er bleibe hier.

Um 3.30 Uhr begann eine einzelne Frau den Abfall zusammenzukehren. Um 4.30 Uhr kam der Korporal, den es nach Hause zog, für einige Augenblicke zurück. Er hatte seine Uniform ausgezogen und war mit einem Hawaii-Hemd, einer langen Hose und einer Baseballmütze bekleidet.

Inzwischen war auch mein zweiter Bewacher eingeschlafen, aber es schien keinen Sinn zu haben, einen Fluchtversuch zu wagen.

Ich konnte nirgends hin.

Um 5.30 Uhr erschien ein Arbeiter, um die rot-gelb-grüne Flagge der Republik Guayana aufzuziehen.

Kurz vor 6.30 Uhr begann es hell zu werden. Wir konnten die Pan Am 707 stehen sehen, die uns hierhergebracht hatte, und eine alte, propellergetriebene Linienmaschine der Cubana, die einzige andere Linienmaschine auf dem Feld. Guayana mit seiner sozialistischen Regierung unterhält enge Beziehungen zu Kuba.

Um 8.20 Uhr warteten wir immer noch. Meine alten Bewacher brachen auf, und ein neuer Trupp, angeführt von einem Uniformierten mit Schulterstücken, übernahm den Dienst. Es dauerte bis 10.55 Uhr, ehe der erste Bewacher von der Tagesschicht einschlief.

Inzwischen hatte ich die Erlaubnis erhalten, das Café des Flughafens aufzusuchen. Ich freute mich auf ein gutes Frühstück, aber das Café stellte sich als genau das heraus, was der Name im Grunde besagt: man verkaufte Kaffee und sonst nichts.

Um 11.20 Uhr wurde ich zum Pan-Am-Schalter beordert.

Ryan rief an und versicherte mir: »Ich habe alles getan, was ich konnte, und setze mich weiter ein.«

Während Ryan sich in Georgetown um mich kümmerte, hatte der Kongreßabgeordnete Philip Burton von San Francisco von meiner mißlichen Lage erfahren. Er befand sich in Washington und drängte das Außenministerium einzugreifen.

Mittags wurde ich ins Büro des Direktors der Einwanderungsbehörde gerufen und sah zum erstenmal einen guayanischen Beamten lächeln. Der Direktor erklärte mir, er bedaure all die Schwierigkeiten, denen ich ausgesetzt sein mochte. Inzwischen habe er jedoch Anweisung erhalten, mich einreisen zu lassen. Ich dürfe fünf Tage im Land bleiben.

Er stempelte meinen Paß ab, und Flick und ich brausten mit einem Taxi auf der zweispurigen, kurvenreichen Autostraße davon, die den Demerara-Fluß entlang nach Georgetown führt.

Als wir ankamen, erfuhren wir, daß es unseren Kollegen auch nicht sehr gut gegangen war. Als sie das Hotel »Pegasus« erreicht hatten, stellten sie fest, daß die Reservierungen auf rätselhafte Weise storniert worden waren. Eine Reihe von ihnen hatten eine ebenso schlaflose Nacht wie Bob Flick und ich verbringen müssen.

Lange vor Tagesanbruch erschienen Beamte der Einwanderungsbehörde – das war offenbar der Grund, weshalb sie Flicks Mietwagen gebraucht hatten –, um Tim Reiterman und Greg Robinson mitzuteilen, die Einreisevisa seien versehentlich in ihre Pässe gestempelt worden.

Sie wurden angewiesen, Guayana mit der 13-Uhr-Maschine nach New York zu verlassen – eine Order, die zur selben Zeit widerrufen wurde, als ich die Erlaubnis bekam zu bleiben.

Unsere Reservierungen im »Pegasus«, dem besten Hotel am Platze, wurden plötzlich bestätigt. Ich konnte es kaum erwarten, daß die mittägliche Wassersperre im Hotel aufgehoben wurde, damit ich mich frischmachen konnte.

Aber Georgetown war erst der erste Schritt. Und es gab Augenblicke, in denen es so aussah, als ob wir weiter nicht kommen würden.

Die Verhandlungen traten auf der Stelle.

Die vierzehn Angehörigen von »Tempel«-Mitgliedern, die Ryan auf dem Flug von New York begleitet hatten, wurden ungeduldig und nervös.

Ein paar von ihnen suchten am Mittwochnachmittag die Niederlassung des »Volkstempels« in Georgetown auf, ein großes Gebäude aus Holz und Stuck, in dem etwa zwanzig Mitglieder der Sekte wohnten.

Sie wurden am Tor von drei Frauen empfangen, die sie kannten – Frauen aus der San Francisco Bay Area, die Jim Jones nach Guayana gefolgt waren.

»Keiner von euch ist willkommen«, erklärte eine der Frauen den Besuchern und versperrte ihnen den Weg. »Geht zum amerikanischen Botschafter.«

Das tat Ryan. Als erstes bekam er einen kompletten Lichtbildervortrag über Jonestown vorgesetzt.

Was er gesehen habe, sei höchst eindrucksvoll, meinte Ryan; aber es sei kein Ersatz dafür, sich alles mit eigenen Augen anzusehen. Die Versicherungen, die man ihm in der Botschaft gab, befriedigten ihn in keiner Weise.

»Ich bin hergekommen, um die Lebensverhältnisse von Menschen zu untersuchen, die, wie ich gehört habe, von Tagesanbruch bis tief in die Nacht hinein arbeiten, unter schrecklichen seelischen und körperlichen Strafen, wenn sie nicht genug leisten«, erklärte der Kongreßabgeordnete an diesem Abend vor der Presse. »Der ›Volkstempel‹ versucht, uns hinzuhalten und zu sehen, ob er einen längeren Atem hat als wir.«

Ryan hatte den Tag zum Teil mit Ferngesprächen zugebracht, die er mit Charles Garry in San Francisco und Mark Lane führte, zwei Rechtsanwälten, die um das Recht konkur-

Mark Lane, einer der Rechtsanwälte des »Volkstempels«
(San Francisco Chronicle)

rierten, Jim Jones und den »Tempel« vertreten zu dürfen. Mark Lane war durch seine Theorien über die Ermordung John F. Kennedys und Luther Martin Kings bekannt geworden.

Der »Tempel« in Georgetown gab eine kurze Verlautbarung heraus, in der Ryans geplanter Besuch als »ein ausgeklügeltes Medien-Ereignis« verurteilt wurde.

Die Verhandlungen wurden am Donnerstag fortgesetzt. Ryan bemühte sich, Jones gegenüber eine unbefangene Haltung einzunehmen.

»Jim Jones hat mit Jonestown vielleicht etwas Gutes in Gang gesetzt«, erklärte er. »Die Aufnahmen zeigen, daß er möglicherweise Wunder gewirkt hat, indem er den Urwald rodete und diese Gemeinschaft aufbaute. Aber ich möchte wissen, ob Pat und Judy da draußen sind und das Land mit ihren Händen umgraben.« Damit spielte er auf die beiden Enkeltöchter seines langjährigen Freundes Sam Houston an.

»Meine Vermutungen mögen ungerecht sein«, fuhr der Kongreßabgeordnete fort. »Aber vielleicht stellen sie sich auch als krasse Wahrheit heraus.«

Ich mietete am Donnerstagvormittag ein Auto mit Chauffeur und fuhr etwa zwanzig Minuten weit, vom Zentrum Georgetowns bis zum dortigen »Volkstempel« im Stadtteil Lamaha Gardens. Die Verwandten hatte man abgewiesen; aber vielleicht gewährte man mir Zutritt.

Wir überquerten Feldwege, auf denen Männer und Frauen dicke Kühe zur Straße trieben. Wir sahen dunkelhäutige Schulkinder, marschmäßig formiert, in sauberen Uniformen in Kastanienbraun und Gold.

Wir hielten vor dem niedrigen, offenen Tor des »Tempels«, und ich rief nur: »Hallo!«

Zwei Teenager führten mich ins Haus zu einem sauberen, aufgeräumten Schlafraum, in dem mehrere andere Jugendliche, Amerikaner wie meine zwei Teenager, auf Liegen saßen und sich unterhielten.

In einer Seitenveranda wurde ich Sharon Amos vorgestellt, einer kleinen, freundlichen Frau um die fünfunddreißig. Zuerst wollte sie nicht reden. Schließlich war ich ohne Einladung in ihr Haus eingedrungen, und ich war einer der ersten Reporter, die sich je dort eingefunden hatten.

»Wie können wir eure Story vom ›Volkstempel‹ drucken, wenn wir nicht mit euch zusammenkommen und uns erst einmal unterhalten?«

Der Sohn des Sektenführers, Stephan Jones (Mitte), klagt seinen Vater bei einer Pressekonferenz an. Er entging der »Weißen Nacht« des Todes, weil er sich zufällig bei einem Basketballturnier in Georgetown aufhielt *(UPI)*

Daraufhin wurde die Atmosphäre lockerer. Ich lernte Jim Jones' Sohn Stephan kennen; er trug einen Tarnanzug, die Hose bis zu den Knien aufgerollt. Während Sharon Amos und ich miteinander redeten, trainierte Stephan mit Hanteln.

John Cobb und drei andere Jungen, in kurzen Hosen und T-Shirts, waren unterwegs, um Basketball zu spielen. Johns Bruder Jim war einer der Familienangehörigen, die mit Ryan nach Georgetown geflogen waren.

Ich lernte Debbie Touchette kennen, eine lächelnde, junge, farbige Frau. Ihre Schwester Micki war hierhergekommen, um herauszufinden, was mit ihrer Mutter, ihrem Vater, der Großmutter, dem Großvater, zwei Brüdern, einem Onkel und Debbie geschehen war – acht Personen insgesamt.

Wir sollten über viele dieser Leute später mehr erfahren, aber vorläufig hörte ich Sharon Amos zu. Sie erklärte mir, die Presse sei gegen Jones voreingenommen, einen Mann, der sein ganzes Leben lang nichts als Gutes getan habe.

»Es sind nicht nur diese Familienangehörigen«, sagte sie und spielte auf die Leute an, die man wieder fortgeschickt hatte. »Es ist eine Verschwörung, die den ›Volkstempel‹ vernichten soll.«

Während wir miteinander sprachen, spielte ihr neunjähriger Sohn Martin zu ihren Füßen.

Ich verabschiedete mich nach fünfundvierzig Minuten und sagte, ich hoffte, Jonestown sehen und die Wahrheit aus erster Hand erfahren zu können.

Donnerstagabend hatte Ryan es satt, am Telefon mit Mark Lane zu verhandeln. Die Besprechungen schienen zu keinem Ergebnis zu führen.

Wir wurden allesamt ungeduldig. Wir forderten Ryan auf, sich über den Mangel an Unterstützung von seiten der amerikanischen Botschaft wie von seiten der guayanischen Beamten zu beschweren.

Don Harris von der NBC, der den Fall Saigons vom Dach der amerikanischen Botschaft aus geschildert hatte, meinte: »Ich weiß nicht, wie ihr denkt, Leute, aber ich bin hergekommen, um Jonestown zu sehen. Und das werde ich, so oder so.«

Bob Flick, beim NBC-Team für die Logistik verantwortlich, hatte inzwischen Flugzeuge in Guayana und einigen Nachbarstaaten gechartert, und Reiterman und ich waren bereit, uns daran zu beteiligen.

Ryan redete uns zu, wir sollten noch zuwarten. Er glaube an einen baldigen Umschwung.

Aber der Tag war entmutigend gewesen.

Die enttäuschten Verwandten hatten eine Zusammenkunft mit dem US-Botschafter John R. Burke gefordert, und dank Ryans Vermittlung wurden sie schließlich in die bescheidene Behausung eingelassen, die frisch verputzt neben einer Reihe verfallener Ladenfassaden in der Main Street prangte.

Der Presse war der Zutritt untersagt worden, so daß wir uns die Zeit vertrieben, indem wir ein bißchen einkauften und nachprüften, ob Georgetown, wie eine alte Pan-Am-Broschüre es beschrieb, wirklich die »Gartenstadt von Südamerika« war.

Als wir wieder vor der Botschaft standen, verzauberte Bob Brown, der Kameramann der NBC, eine kleine Gruppe zerlumpter Kinder, indem er sie durch seine TV-Kamera den vorbeifahrenden Verkehr beobachten ließ.

Die Angehörigen verließen nach eineinhalb Stunden die Botschaft.

Howard Oliver, ein Uhrmacher aus San Francisco, dessen beide halbwüchsige Söhne sich seit über einem Jahr in Jonestown aufhielten, beschrieb die Zusammenkunft als »die alte Botschafts-Leier«.

Seine Frau Beverly, 47, drückte sich deutlicher aus: »Ausgemachter Mist!«

Als Burke in sein braunes Auto stieg, um davonzufahren, sagte er zu uns Reportern, er betrachte die Gespräche als »nützlich« – ein Wort, das nach meiner Ansicht ein bedeutungsloses, wenngleich sehr nützliches Stück des diplomatischen Gefasels ist.

Ryan wurde so ungeduldig wie wir. Am Donnerstagabend fuhr er hinaus zum »Volkstempel« von Georgetown. Er bat Charles Krause von der *Washington Post,* ihn zu begleiten und im Auto als Zeuge zu warten.

»Ich ging hinein«, berichtete uns der Abgeordnete später, »und sagte einfach: ›Hallo, ich bin Leo Ryan, der Bösewicht. Möchte sich jemand mit mir unterhalten?‹«

Anwesend waren etwa ein Dutzend Personen, meist junge Männer, die an einem Tisch saßen. Andere schlossen ihre Tür, als er näher kam. Sharon Amos war da und Jim McElvane, ein großer Farbiger, der offensichtlich das Kommando führte.

Es sei erstaunlich gewesen, erzählte Ryan. Nur er, Sharon Amos und McElvane sagten überhaupt etwas. Die zwölf jungen Männer sprachen kein Wort – nicht zu ihm und nicht untereinander.

»Ich sagte zu ihnen: ›Ich will nicht die übliche Besichtigungstour für zwei Dollar absolvieren – ich möchte mit den Leuten dort reden‹«, fuhr Ryan fort. »Ich sagte: ›Wenn ich mich davon überzeuge, daß die Gerüchte über schlechte Lebensbedingungen unwahr sind, dann entfällt jede Grundlage für weitere Anschuldigungen. Wenn Sie mir andererseits verwehren, nach Jonestown zu gehen, muß ich annehmen, die Stadt werde wie ein Gefängnis geführt. Es geht hier um Sozialversicherungsgesetze, um Steuer- und Finanzgesetze und um Paßvorschriften, und ich habe die Absicht, das zu verfolgen, soweit die Gesetze der USA gelten.‹«

Im Laufe der Zeit wurde Ryan schärfer.

»Ich will keine Mittelsmänner«, sagte er. »Die Genfer Konvention verlangt, daß man Gefangenen direkt gegenübertreten kann. Jeder, der der Presse oder den vom Staat dazu legitimierten Personen den Zutritt verwehrt, verletzt die Grundrechte der Verfassung.«

Dann kam der Abgeordnete auf etwas zu sprechen, was wir übersehen hatten.

»Wissen Sie«, sagte er zu uns, »ich habe noch keinen Menschen vom ›Tempel‹ Gott erwähnen hören. Nichts in diesem Haus deutet auf ein religiöses Leben hin. Aber wenn es sich bei den ›Tempel‹-Leuten nicht um eine religiöse Vereinigung handelt, weshalb hat man sie dann von der Steuerpflicht befreit? Religiöses Leben wird vorgetäuscht, aber ich bin mir nicht sicher, ob es auch tatsächlich vorhanden ist.«

Die Funktionäre vom »Volkstempel« hatten Ryan erklärt, Jim Jones sei zu krank, um ihn zu empfangen, selbst wenn er ihn allein aufsuche. Nur Mark Lane könne eine Verabredung treffen.

Die Juristen hatten also doch das Heft in der Hand.

Es war jetzt Freitagmorgen. Mark Lane und Charles Garry trafen aus den Staaten ein. Wir hatten uns alle in der Halle des Hotels »Pegasus« versammelt.

Ryan, die Presse und die Verwandten hatten zusammengelegt, um ein Flugzeug zu chartern. Wir waren ganz begierig, den hundertfünfzig Meilen langen Flug zur Piste bei Port Kaituma anzutreten, sechs Meilen östlich von Jonestown.

»Lassen Sie uns doch wenigstens zwei Stunden Zeit, mit Jonestown zu reden, damit wir sehen, ob Sie willkommen sind«, rief Lane immer wieder.

»Sie halten uns hin, Mark, Sie halten uns hin«, erwiderte Jackie Speier, Ryans Mitarbeiterin. »Fangen wir endlich mit der Vorstellung an!«

Dazwischen sagte Garry zu mir: »Mark und ich wollen Sie wirklich dort haben. Wir wollen, daß die Presse dabei ist.«

Ich bin sicher, Garry war in diesem Augenblick fest überzeugt, wir würden, sobald wir in Jonestown waren, seinen Glauben teilen, daß das dort wahrhaftig das »Paradies« war.

Wir fuhren zum Flughafen.

Guayana, 17. und 18. November 1978

Endlich waren wir auf dem Weg nach Jonestown. Wir ließen die aufreibende Untätigkeit Georgetowns hinter uns. Mit ihren 18 000 Einwohnern wirkte die träge Hauptstadt wie die Kulisse für einen in den Tropen spielenden Spionageroman Graham

Greenes, ein Ort, wo die meiste Zeit nichts passiert, aber manchmal alles passieren kann.

Jetzt würde die Story eine andere, düstere Dimension bekommen. Wir flogen über dichten, grünen Urwald zu einem Schauplatz, der eine unheimliche Ähnlichkeit mit jenem in Eugene O'Neills tragischen Theaterstück hat, das den seltsam prophetischen Titel *Kaiser Jones* trägt.

»Bin ich nicht der Kaiser?« fragt O'Neills Jones in dem 1920 geschriebenen Werk. »Für den gilt das Gesetz nicht.«

O'Neills Jones kam aus Harlem, um die Herrschaft über eine Tropenkolonie zu übernehmen. Der Jones aus San Francisco war ein Produkt des Mittleren Westens; aber auch er hielt seine Anhänger in Bann.

Ich erinnerte mich daran, daß Kaiser Jones in einem Regen von Silberkugeln stirbt.

Niemand konnte in diesem Augenblick voraussagen, was mit Jim Jones geschehen würde, aber wir hatten alle die Berichte über die Massenselbstmord-Übungen gehört. Es schien gerechtfertigt zu sein anzunehmen, daß, wie immer er auch sterben mochte, hohes Alter nicht die Todesursache sein würde.

Der Flug dauerte eine reichliche Stunde; wir waren zu achtzehnt in der gecharterten Twin Otter der Guayana Airways.

Ryan war der Anführer, der Mann, dessen Gegenwart die Reise überhaupt erst möglich gemacht hatte. Dann kamen die beiden Rechtsanwälte, Lane und Garry, denen es gelungen war, Jones davon zu überzeugen, er könne einem Kongreßabgeordneten, der in amtlicher Mission zu Besuch kam, den Zutritt nicht verwehren. Lane und Garry erfüllten auch noch eine andere Funktion. Wir betrachteten sie als unsere Garantie für sicheres Geleit.

Schließlich kamen wir anderen, die kleine Journalistengruppe, zwei Mitarbeiter Ryans, Beamte der amerikanischen Botschaft und der Regierung von Guayana, und vier Personen aus der Gruppe der betroffenen Familien.

Besonders fiel uns Anthony Katsaris auf, ein schnurrbärtiger Mann aus Ukiah, mit traurigem Blick, der jünger aussah als seine dreiundzwanzig Jahre. Katsaris war mit seinem Vater nach Georgetown geflogen, in der Hoffnung, Anthonys fünfundzwanzigjährige Schwester Maria zur Heimkehr überreden zu können.

James Cobb, 28, wirkte besonnen und selbstsicher. Er studierte Zahnmedizin in San Francisco und war von 1967 bis 1973 Mitglied des »Volkstempels« gewesen. 1972 hatte ihn die Organisation zu einem Lehrgang an der Polizeischule von San Francisco geschickt, bei dem über die Voraussetzungen für eine Festnahme und die Bedingungen für das Tragen und Benutzen von Feuerwaffen gesprochen worden war. James hoffte, in Jonestown seine Mutter, seine drei Schwestern und seine zwei Brüder zu finden.

Beverly Oliver aus San Francisco war zusammen mit ihrem Mann Howard nach Georgetown geflogen und hoffte, zwei Söhne mit heimzubringen, Bruce, 19, und Billy, 18.

Carol Boyd, die Tochter des AP-Fotografen Sam Houston, war die vierte. Sie war mit ihrer Mutter Nadyne Houston nach Georgetown gekommen, um die Kinder ihres Bruders, Patricia, 15, und Judy, 14, zu finden.

Damit waren alle Plätze besetzt. Zehn Leute der betroffenen Familien hatten in Georgetown zurückbleiben müssen. Ihnen blieb nur zu warten. Die Familienangehörigen hatten im Hotel »Pegasus« eine quälende Konferenz veranstaltet; aber man war zu dem Schluß gekommen, es sei wichtiger, daß die Presse Berichte aus erster Hand verbreite, als daß sie ihr so lange aufgeschobenes Wiedersehen feierten.

Also hatten sie vier Personen aus ihrer Mitte gewählt, sozusagen als Stellvertreter für sie alle.

Die Maschine flog stetig dahin. An manchen Stellen wuchsen die Bäume so dicht, daß wir den Boden nicht sehen konnten, und wie jeder, der den Urwald überfliegt, fragte ich mich einen Augenblick lang, wie wir eine Notlandung überleben könnten. An anderen Stellen breiteten sich große Flächen von flachem, tiefem, rotem Schlamm aus.

Es gab keine Straßen. Wir begriffen verblüfft, wie isoliert Menschen nur 250 Kilometer von der Hauptstadt entfernt sein können. Jonestown war nur mit dem Flugzeug oder durch eine langwierige Bootsfahrt, entlang der Atlantikküste und den Kaituma-Fluß hinauf, zu erreichen. Ich kam mir wie eingesperrt vor.

Wir näherten uns dem Ziel. Das Flugwetter war gut, und als wir durch die Wolken stießen, konnten wir unter uns einen Regenbogen schimmern sehen. Vielleicht soll das ein Zeichen der Hoffnung sein, dachte ich, allerdings ohne große Überzeugung.

Doch dann drängte sich uns die Wirklichkeit auf. Die Maschine landete auf der Piste bei Port Kaituma. Als der Steward den Ausstieg hinunterklappte, sahen wir ein Gewehr auf uns gerichtet.

Vor uns standen zwei Männer. Der Mann mit dem Gewehr stellte sich als Korporal Rudder von der guayanischen Polizei vor. Er sagte, er müsse uns die Landeerlaubnis verweigern.

Sogar Lane und Garry waren betroffen. Sie hatten geglaubt, mit Jones über Funk eine Vereinbarung getroffen zu haben.

»Wer hat Ihnen diese Anweisung gegeben?« fragten wir.

»Die Leute im ›Volkstempel‹ haben mich vor einigen Tagen so instruiert«, erwiderte der Korporal. »Ich glaube, wenn Sie nach Jonestown gehen, gibt es Ärger. Ich bin überzeugt, es gibt Tote.«

Korporal Rudder steckte seine Waffe weg, und wir stiegen alle aus, um weiterzuverhandeln. Rudder war ein kleiner, außerordentlich häßlicher Mann; aber es stellte sich heraus, daß er recht charmant sein konnte, solange er nicht gerade eine Schußwaffe auf uns richtete.

Von Jonestown war ein Traktor voller Leute heraus zur Piste gekommen, um unser Flugzeug zu empfangen. Wir beschlossen, daß Lane und Garry mit nach Jonestown fuhren, um an Ort und Stelle zu verhandeln.

Wir warteten eine halbe Stunde, unmittelbar neben der Piste aus roter Erde und Asche, bei einer Hitze von 32 Grad Celsius im Schatten. Jemand verkaufte uns zwei Träger eiskaltes Bier.

Dann rumpelte ein großer, fünfachsiger, gelber Kipplaster zu uns heran, und es hieß, wir sollten aufsteigen, um durch dreißig Zentimeter dicken Schlamm nach Jonestown zu fahren.

Es regnete, als wir durch das Tor rollten, vorbei an einer kleinen Hütte, in der sich ein paar Leute aufhielten. Bis wir die Siedlung in der Mitte des Areals erreichten, war es Nacht geworden.

Wir wurden zu dem Hauptpavillon geführt, einer großen, zentral gelegenen Versammlungshalle mit Blechdach, die an den Seiten offen war. Vorbei an einem der Pfosten, die das Dach trugen, gingen wir über den festgestampften Boden aus Lehm und nahmen an einem langen Tisch Platz.

Jim Jones, bekleidet mit rotem Hemd und Khakihosen, thronte am Kopfende. Er hatte schwarze Haare und lange Koteletten, und trotz der Dunkelheit trug er eine Sonnenbrille. Wir erfuhren, daß er sie nie absetzte.

Er machte auf mich den Eindruck eines Mannes, der gepudert und parfümiert ist. Schweißtropfen perlten ihm auf der Oberlippe und auf der Stirn, und er klagte, daß er krank sei. Er habe 39,4 Grad Fieber.

Mir war klar, daß ich einen Mann vor mir hatte, der verfiel.

Ich war noch nicht in der Lage, einen endgültigen Schluß zu ziehen, was eigentlich an ihm nicht stimmte, aber ich war tief beunruhigt.

Man bot uns Kaffee an, und später bekamen wir ein Abendessen vorgesetzt, bestehend aus gegrilltem Schweinefleisch, Krautsalat, Kartoffelsalat und Kaffee. Beim Essen kam mir der

Gedanke, wie leicht es für Jim Jones gewesen wäre, uns auf einen Schlag alle zu vergiften. Aber natürlich aßen wir weiter.

Als der Abend etwas fortgeschritten war, spielte eine ausgezeichnete Rock-Band für uns. Die Musik war gut, mitreißend, doch das Gefühl, das sie vermittelte, war belastend – und unwirklich. Wir schauten zu, aber vom Rest der Zuschauer waren wir isoliert.

Da es meist ältere Leute waren – viele von ihnen aus dem Mittelstand –, wirkte es sehr gekünstelt und unnatürlich, wie sie mit den Beinen stampften, brüllten und zu einer Musik den Takt klatschten, die nur eine jüngere Generation verstehen konnte. Mir drängte sich der Gedanke auf, man könnte ihnen befohlen haben, Begeisterung zu heucheln.

Dann sangen eine Reihe junger Männer und Frauen aus Jonestown für uns, außerdem trat eine Komikerin auf, eine alte Frau, die sie Jonestowns Moms Mabley nannten. Alle waren überraschenderweise erstklassig.

Ryan wurde gebeten, ein paar Worte zu sagen.

»Ich freue mich sehr hierzusein«, sagte der Kongreßabgeordnete. Der Scheinwerfer richtete seinen Lichtstrahl auf ihn, als er sich an das Publikum wandte. »Trotz der Anschuldigungen, die ich gegen Jonestown gehört habe, bin ich sicher, daß heute abend hier ein paar Leute sind, die glauben, das wäre das Beste, was ihnen je in ihrem Leben widerfahren sei.«

Ein Höllenlärm brach los. Drei volle Minuten Beifall im Stehen, Gebrüll und Jubel.

»Wie schade für mich, daß Sie sich nicht alle in San Mateo County in die Wählerlisten eintragen können«, fuhr Ryan fort, als sich der Lärm gelegt hatte.

Aber nach diesem schwachen Witz wurde er ernst.

»Ich möchte mit der Wahrheit nicht hinterm Berge halten«, meinte er. »Aber bei meinem Besuch handelt es sich um eine Untersuchung durch den Kongreß.«

Ich versuchte, mich von der Gruppe zu lösen und jemanden zu finden, mit dem ich reden konnte; aber ich traf nur auf Leute, die eifrig nickten und mir zu verstehen gaben, daß alle sich blendend amüsierten.

Um elf Uhr war das Programm zu Ende, und die Zuschauer verschwanden in den Bretterhäusern rings um den Pavillon.

Die Fassade bekam schließlich doch einen kleinen Riß. Einer Frau gelang es, sich an Don Harris von der NBC heranzuschieben und ihm einen Zettel mit folgender düsterer Botschaft zuzustecken: »Bitte, helfen Sie uns, aus Jonestown hinauszukommen.«

Darunter vier Unterschriften, geschrieben mit einem schwarzen Magic Marker.

Harris schob den Zettel oben in seinen Stiefel.

Der Pavillon war jetzt leer, bis auf Jones, einige seiner engsten Vertrauten und unsere kleine Gruppe.

Wir hörten, daß wir gehen müßten. Ryan und die beiden Anwälte könnten die Nacht in Jonestown verbringen, aber für uns, hieß es, gäbe es in der ganzen Siedlung nicht den winzigsten Platz.

Wir protestierten. Wir wollten in unseren Schlafsäcken übernachten, im leeren Pavillon oder daneben auf der blanken Erde. Ganz gleich, wo. Das sei unmöglich, hieß es. Der »Volkstempel« habe für uns im Haus eines Mannes namens Mike, der in Port Kaituma eine Diskothek betreibe, eine Unterkunft besorgt. Man werde uns am nächsten Morgen um 8.30 Uhr abholen, damit wir unsere Besichtigung fortsetzen könnten.

Wir konnten nichts machen. Wir bestiegen den Lastwagen und kamen um Mitternacht vor Mikes Haus an. Den Frauen unter uns wurde das Schlafzimmer angeboten, den Männern schlug man vor, sie könnten im Wohnzimmer und auf dem Küchenboden schlafen.

Die Presse zog sich in die Diskothek zurück, eine Wellblechbude mit einem kleinen, wackligen Plattenspieler und fünf oder sechs Regae-Platten. Die Wände waren mit schillernder Leuchtfarbe gestrichen, und man las Parolen wie »Hey-O, Baby«, »Soul Time« und »Play that Music«.

Wir tranken Bier auf der Terrasse und unterhielten uns. Wir waren sehr deprimiert.

Um vier Uhr kam der junge Polizist, der gestern Korporal Rudder begleitet hatte, und bedeutete Tim Reiterman vom *San Francisco Examiner* und mir, daß er uns privat etwas Wichtiges mitzuteilen hätte.

Wir folgten ihm auf eine lange, schlammige Straße. Neben ihr zog sich ein rostiges Eisenbahngleis hin, das verlegt worden war, als man bei Matthews Ridge, fünfzig Kilometer südlich, noch eine große Mangangrube ausbeutete. Der Polizist führte uns zu einer kleinen Hütte am Fluß. Es war stockdunkel, und wir mußten uns mit den Händen vorwärts tasten. Dann riß ein zweiter Mann ein Streichholz an und entzündete eine Kerze, die in einer Bierdose steckte. Gemeinsam erzählten sie uns von einem Mann namens Leon.

Mehrere Guayaner hätten Leon im Sommer 1977 gefunden, nachdem er aus Jonestown entflohen war, sagten sie. Er sei im »Loch« festgehalten worden, einer großen Grube, fünfhundert Meter hinter dem Küchenbereich von Jonestown.

Der Polizist sagte, er habe selbst das Loch gesehen und darin die kleine, schwarze Kiste, in der Gefangene, die gegen Jim Jones' Gesetze verstoßen hatten, ihre Strafe verbüßen mußten. Kein Licht, keine Luft. Nicht einmal ein Geräusch.

Der Polizist wollte nicht mit uns hingehen. Obwohl es sich um guayanisches Land handelte und obwohl er ein guayanischer Beamter war – aber die Ausländer in ihrer Mitte hätten zu scharfe Wachen aufgestellt. Wenigstens erklärte er uns, wie wir die Stelle finden könnten.

Dank freundlicher Guayaner, die ihn von einem Helfer zum

anderen weiterreichten, war es Leon gelungen, seine Flucht erfolgreich abzuschließen. Er kehrte nach San Francisco zurück und sprach mit mehreren Reportern, von denen keiner wußte, ob er ihm glauben sollte oder nicht. Seine Geschichte klang zu phantastisch, und es gab keine Möglichkeit, sie zu überprüfen.

Nun saßen wir hier und hörten denselben Bericht, diesmal jedoch aus dem Munde eines guayanischen Polizeibeamten.

Ich hatte ähnliche, weniger bildhafte Geschichten von anderen jungen Guayanern gehört, die mich beiseite genommen und mir unter vier Augen anvertraut hatten, sie hätten Leute von Jonestown mit gebrochenen Armen und Handgelenken gesehen. Außerdem hatten sie von grausamen Mißhandlungen gehört.

»Immer wieder versuchen Leute, da herauszukommen«, erklärte uns einer der Männer. Manchmal gäbe es zwei Fluchtversuche im Jahr, manchmal zwei im Monat. »Sie möchten das gern vertuschen«, fuhr der Mann fort, »aber wir sehen sie. Die Leute hier in der Gegend sind nicht so primitiv, wie sie glauben.«

Wir kehrten in die Diskothek zurück und dösten ein paar Stunden.

Um 8.30 Uhr waren wir bereit zum Aufbruch, aber der versprochene Lastwagen erschien nicht. Um 9.00 Uhr bot uns Don Harris einen Becher mit Pulverkaffee an, den er in seinem Überlebenspaket bei sich hatte.

Um 9.30 Uhr rührte sich immer noch nichts.

Reiterman und ich beschlossen, Harris mitzuteilen, was wir von dem jungen Polizisten erfahren hatten.

Harris seinerseits zeigte uns den schriftlichen Hilferuf, den ihm die Frau zugesteckt hatte. Er wollte ihn Ryan weitergeben.

Von Hause aus waren wir allesamt auf Wettbewerb getrimmt, aber inzwischen hatten wir begriffen, daß wir gegen Jones anzutreten hatten, nicht gegen uns selbst.

Es wurde 10.00 Uhr. Nichts.

Aber um 10.30 Uhr kam der große, gelbe Kipplaster zurück, um uns die zehn Kilometer nach Jonestown zu fahren.

Bei unserer Ankunft wurde uns ein Frühstück angeboten. Wir dankten. Wir wollten uns endlich an die Arbeit machen und uns umsehen.

Unser Rundgang wurde scharf überwacht. Marceline Jones, die Frau des Pfarrers und frühere Krankenschwester, brachte uns zum Kindergartengebäude. Es war eine helle, kleine Hütte mit Wandmalereien und selbstangefertigten Schmuckgegenständen.

Auf einer Seitenterrasse spielten, geschützt vor der Sonne, ein halbes Dutzend Kinder. Mehrere Frauen schauten zu.

Wir wurden anschließend in ein Klassenzimmer geführt, wo fünfzehn oder zwanzig Kinder saßen und Lesen übten. Das erschien merkwürdig. Es war Samstag, und man hatte uns erklärt, Jonestown halte sich an einen normalen Stundenplan – montags bis freitags.

Sooft wir uns von den Dingen zu lösen versuchten, von denen wir meinten, sie seien eigens für unseren Besuch arrangiert worden, wuchs jemand aus dem Boden und bot uns seine Führung an.

»Hallo«, sagte der Betreffende dann im heitersten Tonfall, »kann ich Ihnen helfen?«

Immerhin, wir gewannen einen guten Eindruck. Es gab große Feldküchen unter Wellblechdächern, die von Pfosten gestützt wurden.

Das Gelände war von Wegen aus leichtem Asphaltmaterial durchzogen, an beiden Seiten erhob sich ein 1,20 m hohes Geländer.

Der Mittelpavillon war von weißen und grauen Brettergebäuden umgeben.

Die gespielte Freundschaft hatte ein Ende, als einige von uns ihre Führer stehenließen und auf ein Haus zugingen. Die Läden der 6 × 12 m großen Baracke waren geschlossen, die Tür verriegelt.

Wir klopften leise an die Tür, und durch den Spalt wurde das Gesicht einer alten Frau sichtbar. »Bitte, kommen Sie nicht herein«, sagte sie. »Wir wollen niemand sehen.« Sie schloß die Tür.

Die Führer erklärten, wir sollten das Recht der alten Frau, nicht belästigt zu werden, respektieren. Sie sagten uns, viele der Frauen im Inneren seien in den Vereinigten Staaten vergewaltigt oder überfallen und beraubt worden und fürchteten sich vor Fremden.

Wir wandten uns an Garry und Lane. Sie hatten uns versichert, daß wir sehen dürften, wie es in Jonestown zugehe, und nun war die Tür versperrt. Die Anwälte intervenierten, und Augenblicke später, als wir in die Baracke durften, konnten wir sehen, weshalb niemand von den Verantwortlichen uns das Innere des Hauses hatte vorführen wollen.

Es waren da sechzig oder mehr Betten, zwei- und dreistöckig übereinander. Dreißig alte Frauen saßen auf den Betten, andere Frauen konnten wir zum Hinterausgang hinaushuschen sehen. Fast alle waren Farbige.

Ich sprach mit etwa zehn der Zurückgebliebenen. Alle wirkten sehr angstvoll. Sie versicherten mir im traurigsten, furchtsamsten Ton, den man sich vorstellen kann, sie seien sehr, sehr glücklich – sie lebten im Paradies.

Doch das Bild bekam einen Riß.

Eine Frau, Edith Parks, ging auf Don Harris zu und sagte mit fester, klarer Stimme: »Ich möchte mit Ihnen gehen. Ich möchte Jonestown verlassen.«

»Sie können mitkommen«, erwiderte Harris. »Es wird Ihnen nichts passieren.« Er brachte sie zu Ryan, der sie bat, sich auf eine Bank zu setzen, bis wir aufbrechen würden.

Jones näherte sich uns und fragte, ob er mit ihr sprechen könne.

»Selbstverständlich«, antwortete Ryan.

Die Atmosphäre veränderte sich. Jones geriet in Erregung. Er sprach der Frau ins Ohr. Wir konnten die Worte nicht verstehen, aber es war offenkundig, daß er in sie drang, es sich anders zu überlegen.

Die alte Frau wollte nichts davon wissen. Sie starrte vor sich hin, die Hände im Schoß verkrampft, ohne zu antworten.

Jones schien in Panik zu geraten. Auf seiner Stirn brach der Schweiß aus. Wir verfolgten die Szene fasziniert.

An diesem Punkt fiel uns auf, daß noch mehr Leute den Mut aufbrachten zu erklären, daß sie gehen wollten.

Die Liste wuchs.

Etwa eine Stunde, bevor es für uns Zeit wurde, Jonestown zu verlassen, hatten neun Personen erklärt, daß sie fortwollten.

Dann zwölf.

Schließlich waren etwa zwanzig Personen entschlossen, Jones Widerstand zu leisten.

Dick Dwyer, stellvertretender Missionschef der US-Botschaft in Georgetown, begann sich Sorgen zu machen. Er wußte, daß mit Sicherheit nur eine achtsitzige Maschine zur Verfügung stand, und vielleicht noch eine viersitzige.

Was würde mit den Leuten geschehen, die zurückgelassen werden mußten?

Man beschloß, zweimal zu fliegen. Angehörige der Presse, die Verwandten und einige Flüchtlinge aus Jonestown wurden angewiesen, auf den Kipplaster zu klettern, wenn er die erste Fahrt nach Port Kaituma unternahm.

Der Kongreßabgeordnete Ryan sollte beim zweitenmal mitfahren.

»Ich lehne Gewalt ab«, erklärte uns Jim Jones. »Ich lehne körperliche und psychische Strafen ab.«

Er sprach langsam, leise und gedehnt, und er gab sich große Mühe, uns zu überzeugen – wie er so viele andere Leute überzeugt hatte.

Er wirkte während der Stunden, die wir in Jonestown verbringen durften, der Presse gegenüber angstvoll und zugleich fasziniert.

Zuerst schien er uns ins Gespräch ziehen zu wollen, um zu verhindern, daß wir Informationen von anderen Personen erhielten.

Aber dann schienen wir eine persönliche Herausforderung für ihn zu sein. Er wollte unsere Skepsis übertönen.

Wir hatten zu viele Berichte über Mißhandlungen gehört, als daß wir Jones' Versicherungen ohne weiteres akzeptiert hätten. Wir erkundigten uns nach einem jungen Mädchen, das mit einem großen Brett fünfundsiebzigmal geschlagen worden war.

Aus Jonestown waren Aufnahmen, die Linda Mertles blutendes und zerschlagenes Gesäß zeigten, hinausgeschmuggelt worden; wir hatten sie gesehen, bevor wir angekommen waren.

»Wir wenden keine körperliche Bestrafung mehr an«, erwiderte Jones. »Wir haben vor einigen Monaten – vielleicht vor einem Jahr – damit aufgehört.«

Aber die Aufnahmen?

»Das Mädchen bekam die fünfundsiebzig Hiebe, weil ihre Mutter, Mrs. Mertle, selbst zu prügeln anfing. Das Mädchen war Kleptomanin. Ihre Mutter verlangte diese Strafe. Ich sagte zu ihrer Mutter: ›Schlag zuerst mich.‹ Ich ließ oft Schläge über mich ergehen.«

Jetzt bestehe, so versuchte Jones uns zu überzeugen, die Be-

Ein Teil der in Jonestown gefundenen Waffen *(UPI)*

strafung im Entzug von Vorrechten oder im Ausschluß von der Arbeit.

Ich erkundigte mich nach den sogenannten Katharsis-Sitzungen, bei denen Mitglieder der Kolonie stundenlang physisch und psychologisch über andere Mitglieder herfielen.

»Das gab es bei uns«, sagte Jones, »aber jetzt nicht mehr.«

Wir sprachen über Waffen.

»Meines Wissens gibt es bei uns überhaupt keine Waffen«, begann Jones.

John Brown, eines von Jones' sogenannten Adoptivkindern, mischte sich ein und sagte, daß die Männer, selbst wenn sie auf die Jagd gingen, nie Schußwaffen gebrauchten – nur Pfeil und Bogen oder Armbrüste, betonte er.

Wir stellten wiederholt fest, daß Jones, wenn uns eine Antwort nicht zu befriedigen schien, schnell bereit war, uns eine andere zu geben.

Es gebe, räumte er ein, einige Waffen in Jonestown – »aber nur wenige Jagdgewehre«.

Schließlich, als unser erstes einstündiges Interview zu Ende ging, bequemte er sich zu der Aussage: »Schußwaffen, ja. Aber wie viele, das weiß ich nicht.«

Tatsächlich gab es, so mutmaßten wir, geradezu ein Arsenal von Waffen in Jonestown.

Der Mann war offensichtlich der absolute Herrscher seines 27 000 Morgen großen Reiches. Seine Untertanen nannten ihn Vater, und er nannte sich selbst ebenso.

Wir fragten, woher es komme, daß die Leute bereit seien, ihm die totale Kontrolle über ihr Leben zu überlassen.

»Ich bin Sozialist, der an die absolute Demokratie glaubt«, erwiderte Jones. »Was, zum Teufel, habe ich hier für eine Macht? Es heißt, ich wolle Macht. Was für eine Macht ist das, wenn ich mit meinen alten Leuten die Straßen entlanggehe?«

Er wurde heftig.

»Ich hasse die Macht. Ich will kein Geld. Das einzige, was ich jetzt wünsche, ist, daß ich nie geboren wäre. Diesen Wunsch hege ich mit jedem Tag mehr. Ich mache mir keine Gedanken mehr um mein Image. Ich möchte nie geboren sein.«

Es gab eine kurze Pause, und der Mann, der gesagt hatte, er mache sich keine Gedanken mehr um sein Image, erklärte uns, er habe die Presse nach Jonestown nur hereingelassen, weil er von seinen Rechtsanwälten, Mark Lane und Charles Garry, dazu gezwungen worden sei.

»Ich habe Zweifel daran, daß Sie die Wahrheit veröffentlichen werden«, sagte Jones. »Wenn Sie die Wahrheit drucken würden, kämen Sie in Schwierigkeiten. Die Presse nimmt jeden aufs Korn, der anders lebt als seine Mitmenschen.«

Plötzlich befahl Jones, John Victor Stoen, Grace Stoens Sohn, zu uns zu bringen, damit das Kind vor der TV-Kamera gezeigt werden könne. Sowohl Jones als auch Tim Stoen behaupteten, der Vater des hübschen sechsjährigen Jungen zu sein.

»Zeig ihnen die Zähne«, sagte Jones zu dem Jungen. »Zeig ihnen dein Profil. Seht ihr, er sieht genauso aus wie ich.«

Das verwirrte, schwarzhaarige Kind tat, wie es geheißen wurde, bleckte das Gebiß und drehte den Kopf.

»Es ist nicht richtig, mit dem Leben von Kindern zu spielen«, fuhr Jones fort. »Ja, daran glaube ich.«

Tim Stoen und seine von ihm getrennt lebende Frau Grace waren beide mit ihren Verwandten nach Georgetown geflogen. Beide warteten jetzt dort.

Jones sagte, Grace sei vier oder fünf Jahre lang eine seiner Geliebten gewesen.

»Grace zeigte kein Interesse an dem Kind, bis die Sache in die Zeitungen kam«, erklärte mir Jones. »Grace ist eine, die auf die Tränendrüsen drückt, eine große Schauspielerin. An dem Tag, als sie San Francisco verließ, bat sie mich, sie zu heiraten. Ich sagte: ›Das kann ich nicht. Ich bin seit siebenundzwanzig Jahren mit Marceline verheiratet.‹ Grace ist eine verführerische Frau, eine schreckliche Frau. Ich habe starke Schuldgefühle wegen dieser Beziehung.«

Wir sagten, wir hätten gehört, daß Sex sein Vorrecht in Jonestown sei – daß alle anderen in strenger Keuschheit leben müßten.

»Kein Sex?« antwortete er. »Blödsinn. Seit Sommer 1977 sind in Jonestown dreißig Kinder auf die Welt gekommen. Wie könnten Kinder geboren werden, wenn wir keinen Sex hätten?«

Wir sprachen über die Entwicklung der 27 000 Morgen großen Kommune. Bis jetzt sei das meiste noch Urwald, sagte er, aber die Siedler von Jonestown hätten vielleicht schon an die 10 000 Morgen gerodet.

Ihre Nahrung komme zum größten Teil noch immer aus den Vereinigten Staaten, sagte Jones, zum Teil deshalb, weil frühe, starke Regenfälle nur geringe Ernten an Bananen, Orangen und Grüngemüse in Jonestown ermöglichten.

Obwohl den Besuchern Fleisch aufgetischt worden war, hatten wir in Erfahrung bringen können, daß es für die Bewohner oft nur Reis mit Sauce gab, und dies dreimal am Tag.

»Wir sind eine Mustergemeinschaft«, fuhr Jones fort. »Immer kommen Leute zu uns. Es vergeht kaum ein Tag, an dem wir keine Besucher haben.«

Dann nahm sein Gerede schlagartig eine andere Richtung.

»Ich fühle mich wie ein Mann ohne Land. Gewiß, ich möchte zurück in die Vereinigten Staaten. Sobald ich diese Prozesse vom Hals habe, werde ich zurückkommen.«

Wir warteten. Im Augenblick war es nicht nötig, Fragen zu stellen: Jones sprach von selbst weiter.

»Ich bin krank. In vieler Beziehung habe ich das Gefühl, zu sterben. Ich muß in ein Krankenhaus, aber ich habe hier Verantwortung zu tragen. Bis vor fünf Tagen hatte ich Lungenentzün-

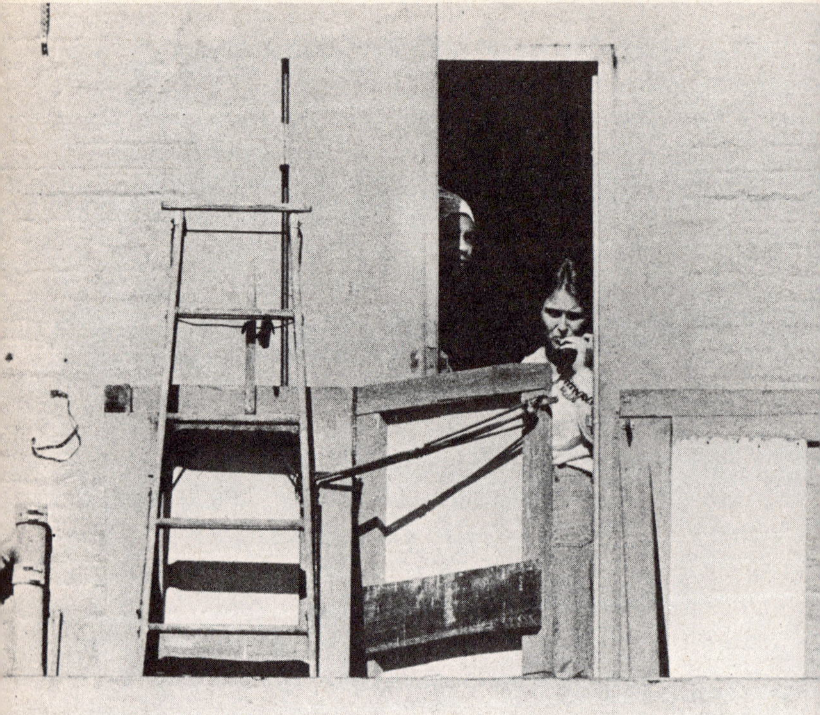

In San Francisco halten »Volkstempel«-Mitglieder Wache und verfolgen die Nachrichten aus Guayana *(San Francisco Chronicle)*

dung. Ich habe 39,4 Grad Fieber. Meine Lunge, meine Nieren, Krebs – wer weiß, woran ich krank bin?«

Das Interview nahm kurz vor unserem Aufbruch am zweiten Tag eine weitere Wendung.

»Offensichtlich gibt es eine Verschwörung gegen mich«, erklärte Jones. »Jemand hat auf mich geschossen.«

Ich fragte, wer in die Verschwörung verwickelt sei.

»Wer stand hinter der Ermordung von Martin Luther King,

von John F. Kennedy und von Malcolm X?« fragte er scharf. »Alle Behörden haben es mir schwergemacht. Ich habe versucht, eine Gemeinschaft aufzubauen, die eine Alternative zur Kultur in den Vereinigten Staaten ist. Ich habe Süchtige und Drogenhändler von der Straße geholt und sie hierhergebracht, und ich habe mit meinen Bemühungen Erfolg gehabt. Jeder, der sich an der Verschwörung gegen den ›Volkstempel‹ beteiligt, ist dumm. Es ist dumm, eine freiwillige sozialistische Gesellschaft zu zerstören.«

Sein Unwille steigerte sich.

»Weshalb sollte jemand vor mir Angst haben? Man bringt mich mit diesem Blödsinn um!«

Er bat uns Journalisten, ihm zu versichern, daß wir nicht nur über jene Bewohner berichten würden, die Jonestown verlassen wollten, sondern auch über diejenigen, die hier glücklich seien.

Wir erwiderten, daß die NBC-Fernsehleute und die Zeitungsreporter mit denen gesprochen hätten, die erklärten, sie wollten bleiben.

»Ich habe für meine Leute mein Leben gegeben«, sagte Jones. »Ich lebe für die Menschen und versuche, ihnen zu dienen!«

Es klang hysterisch.

Als wir uns mit den Abtrünnigen im Pavillon versammelten, um zu dem Kipplaster zu gehen, der uns zur Startbahn bringen würde, klagte Jones: »Jedesmal, wenn Leute sich dafür entschieden zu gehen, entschieden sie sich für die Lüge. Sie haben mich angelogen, als sie sagten, sie wollten nicht fortgehen – und dann gingen sie doch fort. Hoffen wir, daß das nicht wieder vorkommt.«

Es würde ein nasser Abschied werden. Der Regen prasselte auf das Pavillondach.

Jones begriff, so schien es, zum erstenmal, wie viele es waren, die fort wollten. »Entschuldigen Sie mich«, sagte er zu den Reportern. »Ich möchte sie alle umarmen, bevor sie gehen.«

Guayana, 18. und 19. November 1978

Zu unserer großen Erleichterung standen wir endlich auf dem Lastwagen, der uns von Jonestown zum Flugplatz bringen sollte.

Plötzlich hörten wir Lärm im Pavillon, wo wir Leo Ryan, Lane und Garry zurückgelassen hatten.

Durch die Menge ging ein Jubelschrei.

Die Journalisten sprangen auf den schlammigen Weg hinunter, um festzustellen, was sich abspielte. Die angstvollen Abtrünnigen, die hofften, mit uns in die Freiheit fahren zu können, blieben auf dem Fahrzeug.

Wir stürzten zur Versammlungshalle. Ein Trupp hartgesotten aussehender junger Aufpasser versperrte uns den Weg. Sie befahlen uns auf den Lastwagen zurück.

Dann sahen wir Ryan, der schnell zum Lastwagen geführt wurde; sein Hemd war vorne ganz voll Blut. Lane hielt Ryan am Arm.

Ryans Gesicht war so weiß wie seine Haare.

Lane half Ryan hinaufzusteigen und erklärte uns, er und Garry würden mit einer zweiten Gruppe von Abtrünnigen, die fortzukommen hofften, zurückbleiben. Er sagte, sie wollten versuchen, die aufgebrachten Mitglieder des »Volkstempels« zu beruhigen.

»Verschwindet – schnell!« schrie Lane.

Aber unser Fahrer war vom »Volkstempel« und hatte es keineswegs eilig. Der gelbe Fünfachser rollte ganz langsam davon.

Wir konnten, als wir eine Kurve erreichten, sehen, daß Lane uns winkte.

Wir drängten uns auf der Pritsche des offenen Fahrzeugs um Ryan. Ein junger Mann sei aus der Menge gestürzt, sagte er, und habe versucht, ihn zu erstechen. Das Messer habe sich an seiner Kehle befunden, als Lane und Garry den Angreifer gepackt und ihm das Messer entwunden hätten.

Ryan war nicht verletzt. Das Blut stammte von seinem Angreifer – später identifiziert als Donald Sly –, der Schnittwunden erlitt, als man ihn entwaffnete.

Ryan war nicht unser einziger, im letzten Augenblick zugestiegener Passagier. Larry Layton, ein verstörter, nervös aussehender Mann, kletterte herauf und sagte, er wolle aus Jonestown fort.

Die anderen Flüchtlinge waren tief verängstigt. »Er ist einer von seinen Vertrauten. Er ist einer von den Oberen«, sagten sie. »Er wird uns alle umbringen, er wird uns alle umbringen.«

Wir gingen auf ihre flehentlichen Bitten nicht ein. Wir hatten gesagt, jeder, der fortwolle, könne mit uns kommen, und er hatte dasselbe Recht wie sie, sich abzusetzen.

Jetzt, am Samstag, dem 18. November, 16.20 Uhr, konnten wir die beiden Flugzeuge auf uns warten sehen, die »Otter«, die wir am Vortag gechartert hatten, und die kleinere, einmotorige »Cessna«, die einige Abtrünnige fortbringen konnte.

Wir wußten, daß wir so schnell wie möglich weg mußten.

Aber wir waren nicht schnell genug.

Vom anderen Ende des Flugfelds, auf unserer linken Seite, kam der »Volkstempel«-Kipplaster, mit dem wir gefahren waren, dahinter, halb verdeckt, eine rote Zugmaschine mit Anhänger.

Drei oder vier Männer sprangen herunter.

Dann begann die Schießerei.

Ich stand zwischen zwei NBC-Leuten, Bob Brown und Don Harris. Wir waren im Verlauf unserer Reise enge Freunde geworden.

Ich wurde als erster getroffen. Ein Geschoß einer .38er, das mich in die linke Schulter traf, riß mich zu Boden.

Ich kroch hinter das rechte Rad des Flugzeugs.

Don Harris wurde getroffen.

Bob Brown, der NBC-Kameramann, versuchte auf den Beinen zu bleiben und weiterzufilmen, selbst als die Schützen näher kamen.

Er war unglaublich hartnäckig.

Einer oder zwei Schützen kamen mit großen Schußwaffen heran. Dann sah ich, wie einer der Angreifer Brown eine Flinte direkt vors Gesicht hielt.

Bobs Gehirn spritzte über seine blaue NBC-Minikamera.

Ich sah, wie Don Harris aus nächster Nähe erschossen wurde.

Ich sprang hoch und rannte über die Piste, so schnell, wie ich nie in meinem Leben gelaufen bin. Ich erinnere mich, daß ich dachte, ich müsse im Zickzack laufen, damit ich im kurzen Gras kein allzu leichtes Ziel abgäbe. Aber ich erinnere mich auch, daß ich dachte: Nein, dann bist du zu langsam. Lauf geradeaus. Ich hechtete in den Urwald, zerschürfte mir Hände und Arme, riß mir die Brille vom Gesicht und die Kamera vom Hals. Ich war überzeugt, daß die Männer mir würden folgen können.

Keuchend zwängte ich mich fünfzig Meter weit in das Dickicht. Dann blieb ich stehen. Ich stand bis zu den Hüften im Sumpf. Du mußt dir über die Lage klarwerden, sagte ich mir.

Ich zog mein Taschentuch heraus und preßte es an die linke Schulter, wo ich getroffen worden war. Mein khakifarbenes Hemd war blutdurchtränkt.

Sorgfältig schnürte ich meine Schuhe zu, deren Schnürsenkel sich im dicken Schlamm gelöst hatten. Langsam faßte ich mich. In ungefähr einer Stunde würde es Nacht werden, und ich würde keinesfalls davonkommen, wenn ich tiefer in den Sumpf hineinging. Ich beschloß, parallel zur Landepiste weiterzugehen, um die Orientierung nicht zu verlieren. Ich watete durch den Sumpf, bis ich von der Stelle, wo wir überfallen worden waren, ungefähr dreihundert Meter entfernt war.

Ich schob mich in das hohe Gras am Rand der Piste. Und vorsichtig, unglaublich vorsichtig blickte ich durch das Gras auf das Flugzeug.

Die kleinere Maschine war zum Glück entkommen.

Ich erkannte die weiße Mütze von Bob Flick von der NBC und das rote und kastanienbraune Hemd, das Reporter Tim Reiterman vom *Examiner* getragen hatte.

Ich lief auf die Piste hinaus.

Als ich mich dem Flugzeug näherte, konnte ich sehen, daß Reitermans Arm zerschossen war.

Beide Männer waren offensichtlich betäubt.

Der Kongreßabgeordnete Ryan lag im Schlamm vor dem rechten Rad der Maschine. Sein Gesicht war weggeschossen.

Don Harris lag etwa in der Mitte vor der Maschine.

Bob Browns Leiche lag am Heck.

Patricia Parks, die Tochter der Frau, die – Jones zum Trotz – darauf bestanden hatte mitzufliegen, lag am Fuß der Treppe, die ins Flugzeug führte.

Greg Robinson, der hochbegabte junge Fotoreporter vom *San Francisco Examiner*, lag zusammengekrümmt am linken Rad des Fahrwerks.

Inzwischen schleppten Überlebende einige der am schwersten Verwundeten von der Piste in das Dickicht.

Wir brauchten Deckung. Wir waren überzeugt davon, daß die Killer zurückkommen würden, um uns zu erledigen.

Wir versuchten die Blutungen zu stillen, so gut wir konnten. Ich erinnere mich, daß wir Servietten, Handtücher, kurz alles, was wir finden konnten, in die großen, klaffenden Wunden stopften. Wir gossen auf manche Wunden Rum, und die Verbandspäckchen in unserem kleinen Erste-Hilfe-Kasten waren schnell verbraucht.

Dann ließen wir uns im hohen Gras nieder, um auf die Dunkelheit zu warten. Es konnte nicht lange dauern, bis sie kommen würde.

Unsere Hoffnung war, die Nacht zu überstehen, bis Rettung kam.

Wir wußten natürlich, daß der Pilot der kleinen Maschine über Funk sofort Hilfe angefordert hatte, als er entkommen war. Aber an der Landepiste von Port Kaituma gab es keine Befeuerung, und es sprach wenig dafür, daß das guayanische Militär eine Landung in der Dunkelheit erlaubte.

Immerhin, ein paar Guayaner aus der Gegend brachten Öllampen, um den Rand der Piste zu markieren. Sie erklärten uns, es werde nur zehn oder fünfzehn Minuten – allerhöchstens eine Stunde – dauern, bis Hilfe eintreffe.

Es war unmöglich abzuschätzen, wie schnell die Zeit verging, aber die meisten von uns begriffen, daß wir wohl länger würden warten müssen.

Fünfzig oder sechzig Guayaner waren aus dem Busch und der nahen Ortschaft Port Kaituma gekommen. Einige näherten sich und boten uns Hilfe an. Andere nahmen den Toten Uhren, Tonbandgeräte und elektronische Apparate ab, bevor wir sie verjagen konnten.

Ich sah zwei Guayaner auf Dick Dwyer, den stellvertretenden Missionschef der amerikanischen Botschaft in Georgetown, zugehen. In ihrer Mitte hatten sie Larry Layton, Jones' zweiunddreißigjährigen Mitarbeiter, der kurz vor Ryans Eintreffen auf unseren Lastwagen geklettert war.

Dale Parks, dessen Frau Patricia bei dem Überfall auf dem Flugplatz getötet worden war, berichtete, was sich abgespielt hatte.

Layton sei es gelungen, sich mit Gewalt Zutritt zu der kleinen »Cessna« zu verschaffen und vier Schüsse aus einer Handfeuerwaffe abzugeben. Sie hätten zwei von den Flüchtlingen aus Jonestown getroffen.

Dann habe er, Parks, ihn aus der kleinen Maschine gezerrt und ihm die Waffe abnehmen können. Er habe abgedrückt, aber ohne Ergebnis. Die Waffe hatte Ladehemmung.

Ich forderte die guayanischen Bewacher auf, Layton von den

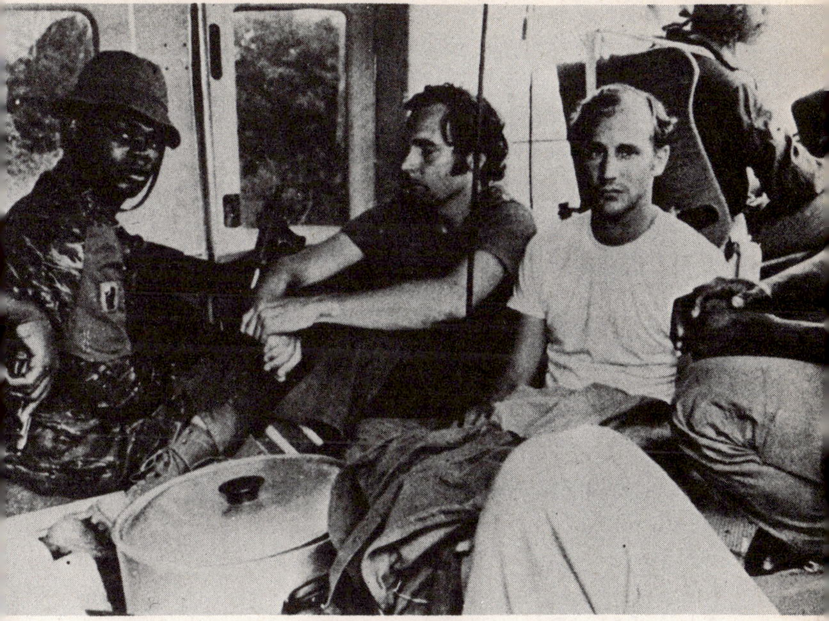

Michael Prokes (Mitte) und Tim Carter (rechts), Angehörige der »Volkstempel«-Sekte, im Gewahrsam guayanischer Truppen *(Wide World Photos)*

Flüchtlingen aus Jonestown zu entfernen. Sie hätten ihn gelyncht.

Dwyer, der das Kommando über unsere kleine Gruppe übernahm, steckte die Pistole in die Tasche seiner Buschjacke.

Dann begriffen wir, daß wir nicht allein gewesen waren, als die Schießerei stattgefunden hatte.

Die Schützen hatten die Guayaner fortgescheucht, die uns hatten abfliegen sehen wollen. Vier mit Maschinenpistolen bewaffnete guayanische Soldaten hatten das Schauspiel aus einer Entfernung von zweihundert Metern verfolgt.

Sie erklärten uns, sie hätten während des Überfalls nicht zu schießen gewagt, weil sie fürchteten, ihrerseits Menschen zu töten.

Sie hatten zugesehen, wie die Schützen mit ihrer Zugmaschine weggefahren waren, und sie ziehen lassen, ohne einen einzigen Schuß abzugeben.

Der einzige Polizist auf dem Feld, der uns tags vorher mit einem Gewehr empfangen hatte, war von den Killern entwaffnet worden.

Wir wandten uns jetzt an die guayanischen Soldaten.

Dick Dwyer erreichte, daß wir die Schwerverletzten in ihr Zelt legen durften.

Dorfbewohner erklärten, wir anderen, einschließlich weniger schwer Verwundeter wie Tim Reiterman und mir, könnten in einem kleinen Café warten, das »Rumhaus« genannt wurde.

Es war dunkel und stürmisch.

Bei der Pflege der Verwundeten im Zelt wechselten wir uns paarweise ab.

Jackie Speier, Ryans Mitarbeiterin, war außerordentlich tapfer. Man hatte ihr den halben Oberschenkel weggeschossen, und sie hatte schwere Wunden an Arm und Brust davongetragen. Trotzdem gelang es ihr irgendwie, ihr Tonbandgerät in Gang zu setzen und das Band zu besprechen.

Sie zog mein Ohr nah an ihre Lippen und flüsterte: »Ron, ich weiß, daß ich es schaffen werde, aber für den Fall, daß nicht, bitte, geben Sie das Tonband meinen Eltern.«

»Klar schaffen Sie es«, sagte ich. »Bringen Sie ihnen das Tonband selber.«

»Gewiß, gewiß«, erwiderte sie, »aber nehmen Sie es trotzdem.«

Ich schob es in die obere Brusttasche, knöpfte sie zu und trug es während der ganzen Nacht mit mir herum.

Anthony Katsaris, der lange Stunden damit verbracht hatte,

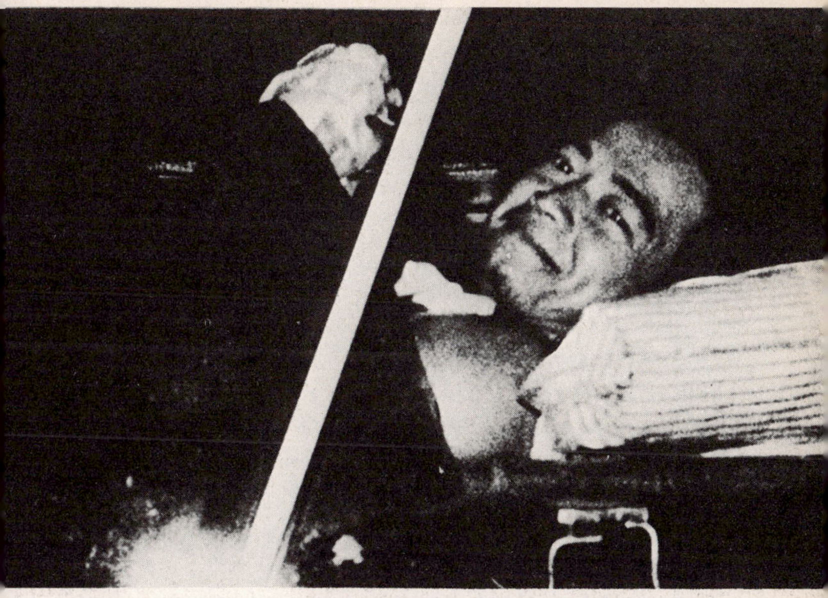

Der schwerverletzte Steven Sung, Tontechniker der NBC, bei seiner Ankunft auf der Andrews-Air-Force-Base in Maryland *(dpa)*

seine Schwester Maria zur Rückkehr zu bewegen, war sehr schwer verletzt worden. Wir versuchten, ihm Wasser und dann Pepsi-Cola zu geben. Das war alles, was wir hatten, außer Rum und Bier. Er konnte nichts bei sich behalten.

Vern Gosney, der bei seiner Flucht aus Jonestown seinen fünfjährigen Sohn zurückgelassen hatte, war in die Brust getroffen worden. Er jammerte und schrie die ganze Nacht.

Steve Sung, der Tontechniker von NBC, verblüffte uns am folgenden Morgen damit, daß er aufstand. Ich glaubte, er sei fast gesund, aber es stellte sich heraus, daß er zu den am schwersten Verletzten gehörte.

Im »Rumhaus« wurden wir mit außerordentlicher Freundlichkeit behandelt. Die Frau, der das Lokal gehörte, gab uns, was sie hatte – Kaffee, Pepsi, Bier und Bananen.

Wir drückten ihr guayanisches Geld in die Hand, aber es war natürlich nicht genug, um sie für das ungeheure Risiko zu entschädigen, das sie einging. Nichts konnte das ausgleichen.

Mehrere Guayaner saßen vor der Hütte und bewachten uns. Sie hatten zusammen ein einziges Messer.

Jedesmal, wenn während des heftigen tropischen Regensturms, der die ganze Nacht tobte und das Wasser auf das Blechdach prasseln ließ, ein Ast von einem Baum fiel, hielten wir den Atem an.

Immer wieder glaubten wir Lichter zu sehen oder auf dem Flugplatz Lastautos zu hören.

Die meisten von uns stürzten dann zurück ins hohe Gras. Aber Bob Flick, der NBC-Produzent, ein großer, kräftiger Mann mit sehr viel Erfahrung in gefährlichen Situationen, blieb einfach mitten zwischen den Verwundeten stehen.

Er hatte mir während der zwölf Stunden, die ich am Flughafen von der Einwanderungsbehörde festgehalten worden war, beigestanden, und nun stand er seinen verletzten Kameraden bei.

Ich dachte immer wieder: Für ihn ist es eine echte Mutprobe. Ich glaube, er wäre nicht einmal davongelaufen, wenn ein Panzer die Landepiste dahergekommen wäre.

Ich streckte mich eine Weile auf einem Schaumgummikissen aus. Mein Arm war blutverkrustet und schmerzte. Ich hatte mir das Knie verrenkt. In meiner Kehle steckte ein Kloß.

An Schlaf war natürlich nicht zu denken.

Und die Zeit verrann langsam.

Bei Tagesanbruch roch es in dem Zelt, wo wir die Schwerverletzten untergebracht hatten, ziemlich widerlich. Fliegen und Insekten krabbelten auf den Verwundeten herum. Wir versuchten sie zu verscheuchen, so gut es ging.

Jackie Speier lächelte noch immer tapfer, sooft jemand sie ansah.

Um 8.30 Uhr – sechzehn Stunden nach dem Überfall – tauchten guayanische Truppen auf. Sie waren ein willkommener Anblick, diese Männer mit runden Buschhüten, Tarnanzügen und kurzläufigen Maschinenpistolen.

Sie waren in der Nacht von Georgetown zur beleuchteten Landepiste bei Matthews Ridge geflogen worden. Dann waren sie mit der Eisenbahn bis in die Nähe von Port Kaituma gefahren und hatten den Rest des Weges mit Landrovern und Lastwagen zurückgelegt und waren das letzte Stück zu Fuß gegangen, um nicht in einen Hinterhalt zu geraten.

Wir hatten es geschafft.

Dick Dwyer schickte uns in die Hütte zurück, während er mit den Soldaten sprach. Er sagte, er wolle nicht, daß uns irgend jemand mit den Killern vom »Volkstempel« verwechsle.

Nach einiger Zeit kam Dwyer zurück. Er ging zum Wasserhahn in der Küche und begann sich ganz sorgfältig die Hände zu waschen.

Ich sagte zu ihm, in der ganzen Zeit, in der wir uns hier aufgehalten hätten, sei keiner von uns an das Spülbecken gegangen, um sich zu waschen. Ich wollte wissen, weshalb er sich die Hände wasche.

»Ich habe gerade die Toten durchsucht«, erwiderte er. »Keine angenehme Aufgabe.« Und er legte die Brieftaschen, die Kämme, die Banknoten, das Kleingeld hin – alles, was vom Leben der fünf Menschen geblieben war, die man getötet hatte.

Das erste Flugzeug landete um 10.20 Uhr. Es war eine kleine, schwarz und gelb lackierte Militärmaschine mit fünf Sitzen. Und obwohl sie zum Schauplatz einer schweren Schießerei geschickt worden war, brachte sie keine Tragbahren, keine Wolldecken, keinerlei Verbandszeug.

Wir fragten den Piloten nach dem Grund.

»Das ist Guayana«, sagte er mit einem verlegenen Lächeln.

Ein zweites achtzehnsitziges Flugzeug traf bald danach ein.

Die Maschinen warteten eine halbe Stunde, während wir versuchten, die Flüchtlinge von Jonestown, die mit uns die Nacht verbracht hatten, dazu zu überreden, an Bord zu gehen.

Sie sagten nein. Sie hätten zu viele Verwandte noch draußen in der Wildnis, wie Tom Bogue, einen Siebzehnjährigen, der, als die Schießerei begonnen hatte, in den Urwald geflüchtet war, bekleidet nur mit einem roten Basketball-Dreß, Socken und Tennisschuhen. Dieser Junge aus Suisun in Kalifornien hatte sich, so erfuhren wir später, zusammen mit vier anderen jungen Leuten versteckt und brachte sie alle in Sicherheit.

Außerdem hatten die Überlebenden Angst davor, nach Georgetown zu fliegen. Sie waren überzeugt davon, daß Mitglieder des »Volkstempels« auf dem Flughafen warteten, um die Maschinen abzuschießen.

Dwyer, der am Oberschenkel leicht verwundet worden war, blieb ebenfalls zurück, um seine Pflichten als Vertreter der Regierung der Vereinigten Staaten zu erfüllen.

Ich fragte ihn, was seine Wunde mache.

»Es geht mir gut«, erwiderte er.

Ob ich etwas für ihn besorgen oder tun könne, wenn ich nach Georgetown käme?

»Sagen Sie den Leuten in der Botschaft nur, sie sollen ein kaltes Banks-Bier für mich bereitstellen«, antwortete er.

Während der vorhergehende Bericht aus Guayana nach Kriegsberichterstattung klingt, waren die späteren Nachrichten von unvorstellbarer Entsetzlichkeit. Man sucht nach Vergleichen in der Geschichte. Es gibt keine.

12

Die Katastrophe

Die kleinen Kinder starben als erste. Das Zyankali wurde ihnen mit Wegwerfspritzen in die kleinen Münder gespritzt.

Dann kamen die älteren Kinder an die Reihe. Sie stellten sich im Mittelpavillon auf, wo Jim Jones so oft zu ihnen gesprochen hatte. Auch diesmal taten sie, was er verlangte. Sie stellten sich an, um Becher voll vergifteter Kool-Aid-Limonade in Empfang zu nehmen.

Als nächste kamen ihre Eltern und die alten Leute. Sie gehorchten dem Todesbefehl, während bewaffnete Aufpasser bereitstanden, jeden niederzuschießen, der versuchen wollte zu fliehen.

Und es kam – niemand weiß genau, wann – der Tod von Jim Jones selbst, herbeigeführt durch einen Schuß in die rechte Schläfe.

Jones, der »Vater«, hatte seine Herde zusammengerufen und ihr erklärt, es sei Zeit, in den Himmel zu gehen.

»Wir werden uns an einem anderen Ort wiedersehen«, versprach er.

Die Worte tönten aus den Lautsprechern.

»Es ist von höchstem Wert zu sterben, eine erhabene Kundgebung unserer Gemeinde.«

Und dann das letzte Wort, fünfmal wiederholt: »Mutter, Mutter, Mutter, Mutter, Mutter.«

In diesen furchtbaren Augenblicken am Spätnachmittag des 18. November, eines Samstags, starben über neunhundert Männer, Frauen und Kinder in der guayanischen Siedlung Jones-

Die Wanne mit der Mixtur aus Kool-Aid-Limonade und Zyankali
(UPI)

town, Tausende von Meilen von ihrer Heimat in den Vereinigten Staaten entfernt.

Das Gift benötigte ungefähr fünf Minuten, um die Opfer zu töten.

Sechs Meilen östlich, an der Landepiste von Port Kaituma, rechneten die Überlebenden des Überfalls, der den Kongreßabgeordneten Leo Ryan und vier andere Menschen das Leben gekostet hatte, jeden Augenblick mit einem Wiederauftauchen der Mörder. Weder sie noch sonst jemand hatte schon eine Vorstellung von dem Ausmaß der Katastrophe.

Als Ron Javers vom *San Francisco Chronicle* die ersten Meldungen hörte, befand er sich im Malcolm Grove Medical Center des Luftwaffenstützpunktes Andrews bei Washington.

Javers, dem noch immer das Geschoß in der linken Schulter steckte, gelang es bei einer Zwischenlandung der Air-Force-Medivac-Maschine in Puerto Rico, die unfaßbare Schilderung der Tragödie am Landestreifen an den *Chronicle* durchzutelefonieren.

Auf dem Stützpunkt Andrews angekommen, rief er in San Francisco an, um einen Bericht über seine Interviews mit Jim Jones in Jonestown durchzugeben. Zwei Äzte versuchten, ihn vom Telefon wegzuziehen, aber er setzte seinen Willen durch.

Es bedurfte eines Generals, um Javers zu zwingen, daß er sich in den Operationssaal begab. John Fogarty, Korrespondent des *Chronicle* in Washington, nahm Javers' Notizbuch an sich und las den Rest seiner Notizen einem Kollegen in der Nachrichtenredaktion der Zeitung in San Francisco vor.

Inzwischen hatte sich Keith Power, ein *Chronicle*-Redakteur, bereit erklärt, nach Georgetown zu fliegen, um dafür zu sorgen, daß Javers die richtige Behandlung erhielt. Wie sich herausstellte, kreuzten sich die Wege der beiden. Power traf rechtzeitig in Georgetown ein, um nach Javers' Abflug über den Rest des Massakers zu berichten. Power meldete am Montag, dem 20. No-

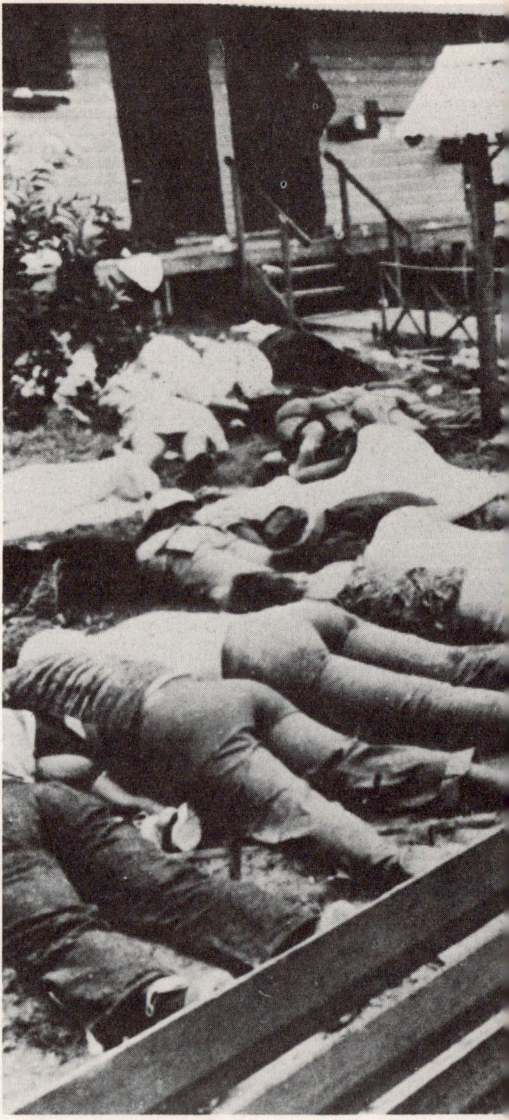

Ein Guayaner
inspiziert tote »Volks-
tempel«-Mitglieder
(Wide World Photos)

vember, daß 405 Tote gefunden worden seien. Die Behörden waren der Ansicht, das sei die endgültige Zahl der Opfer.

Javers hatte einen zusätzlichen Bericht zu erstatten. Er fing mit den Sätzen an: »Als wir am Samstag nach dem Tod des Kongreßabgeordneten Leo J. Ryan und vier weiterer Mitglieder unserer Gruppe auf unsere Rettung warteten, sagte man uns, daß in Jonestown ein Massenselbstmord bevorstehe. Wir hörten auch, daß das nur das erste Kapitel eines grauenhaften Blutbades sein werde.«

Das zweite Kapitel bestehe darin, so sagte Javers weiter, daß Jones und einige seiner Anhänger am Leben bleiben, sich verbergen, heimlich in die Vereinigten Staaten zurückkehren, ihre Feinde aufspüren und sie dann töten würden – einen nach dem anderen.

Ehemalige »Volkstempel«-Mitglieder waren von dieser Nachricht entsetzt, bis sie erfuhren, daß Jones' Leiche, von Guayana in einem Aluminiumsarg mit der Nummer 13 B und dem Vermerk »Pfarrer Jimmie Jones« eingeflogen, im Leichenschauhaus des Luftwaffenstützpunkts Dover, Delaware, eindeutig identifiziert worden war.

Es dauerte einige Zeit, bis die Behörden alle Tatsachen des Massakers in Guayana in Erfahrung gebracht hatten.

Es ergab sich beispielsweise, daß Sharon Amos, die zweiundvierzigjährige Frau, die so freundlich gewirkt hatte, als Javers sie im »Volkstempel« von Georgetown besuchte, ihre drei Kinder ermordet hatte: Martin Amos, 9, der während Javers' Interview mit ihr zu ihren Füßen gespielt hatte, Christa Amos, 10, und Liane Harris, 21, eine Tochter aus erster Ehe. Ihnen hatte die Mutter, wie es schien, die Kehle durchschnitten und sich dann selbst umgebracht.

Lianes Vater Sherwin Harris gehörte zu den besorgten Verwandten, die mit Ryan nach Georgetown geflogen waren.

Von Anbeginn nannte er alle vier Todesfälle Mord. Die Poli-

Unter den für den Abtransport vorbereiteten Särgen befindet sich auch der mit der Leiche von Jim Jones *(dpa)*

zei von Guayana bestätigte schließlich nach einer Woche, daß Sharon Amos, eine sehr kleine Frau, nicht in der Lage gewesen sei, sich selbst die Kehle durchzuschneiden. Man verhaftete Charles Edward Beikman, 43, dessen Verbindung zu Jim Jones zwanzig Jahre zurückreichte, bis zu den Tagen, als Jones in Indianapolis noch vom Erfolg träumte.

»Er gibt an, er habe ihnen geholfen, Selbstmord zu begehen«, teilte der stellvertretende Polizeidirektor C. A. Roberts in Georgetown mit.

Roberts erklärte, die Polizei habe Beikman identifizieren können, weil er erfolglos versucht habe, ein zwölfjähriges Mädchen zu töten, das die Morde mitangesehen habe.

Es dauerte einige Zeit, bis die Polizei von Guayana wußte, wie viele Mitglieder der Jones-Sekte sie des Mordes beschuldigen mußte.

Der erste, der festgenommen wurde, war Larry Layton, der Mann, der bei dem Überfall auf der Landepiste von Port Kaituma die ersten Schüsse abgegeben hatte.

Er wurde beschuldigt, zwei Menschen getötet zu haben; in Wirklichkeit hatte er beabsichtigt, alle Insassen eines Flugzeugs umzubringen.

Layton hatte von Jones den Auftrag erhalten, sich als Flüchtling auszugeben, nach dem Besuch Ryans in Jonestown dessen Flugzeug zu besteigen und mitten im Flug den Piloten zu erschießen. Wäre der Plan erfolgreich gewesen, hätten alle sterben müssen, Layton eingeschlossen.

Layton blieb jedoch am Leben, wurde am Flugplatz festgenommen und des Mordes beschuldigt. In Guayana ist Mord ein Verbrechen, das mit dem Tod durch Erhängen bestraft wird.

Michael Prokes, 31, früher für eine Fernsehstation in Sacramento, Kalifornien, tätig, wurde einige Tage nach dem Massaker festgenommen, als man ihn in der Nähe des Flugplatzes entdeckte.

Prokes, ursprünglich Anhänger der »Christlichen Wissenschaft« und ein tief religiöser Mann, hatte 1972 mit Jim Jones ein Interview gemacht und war dabei so von ihm angetan gewesen, daß er dem Evangelisten seine gesamten Ersparnisse von siebentausend Dollar übergab und als Hilfsgeistlicher am »Volkstempel« von San Francisco arbeitete.

Tim Carter, 30, früher aus Garden City, Idaho, wurde zusammen mit Prokes verhaftet. *Chronicle*-Reporter George Draper ermittelte, daß Carter nach San Francisco geflogen war, um

Der schwarze amerikanische Lehrer Odell Rhodes, der dem Massentod entkam, bei einer Pressekonferenz in Georgetown *(dpa)*

über Ryans Besuch im voraus zu recherchieren und die Namen der Teilnehmer in Erfahrung zu bringen.

Andere Namen tauchten auf. Flüchtlinge aus Jonestown, die den Überfall an der Landepiste überlebt hatten, kannten die Namen der Killer.

Von den wenigen Überlebenden in Jonestown kamen weitere Informationen. Odell Rhodes, 36, einem ehemaligen Lehrer, glückte die Flucht, weil der Lagerarzt Larry Schacht ihn bat, ein Stethoskop zu holen, nachdem Schacht und die Krankenschwestern der Kolonie den Gifttrank hergestellt hatten.

Rhodes machte sich, wie geheißen, auf den Weg, kehrte aber

nicht zurück. Statt dessen flüchtete er in den nahen Urwald, wo er das grauenvolle Schauspiel beobachten und hören konnte.

Rhodes berichtete außerdem, daß es fünf Minuten gedauert habe, bis das Gift wirkte – Zeit genug für die Todgeweihten, einander zu umarmen, bevor sie starben.

Nur eine einzige Frau habe protestiert, sagte Rhodes, und sie sei niedergeschrien worden, weil sie es gewagt habe, den Befehlen des »Vaters« zu widersprechen.

Zu denen, die Jonestown überlebten, gehörten Grover Davis, der mit neunundsiebzig Jahren den Mut hatte, davonzulaufen und sich im Busch zu verstecken, und Hyacinth Prash, eine weißhaarige Frau, die in ihrem Schlafsaalbett liegen blieb, weil sie zu krank war, um aufzustehen und an der entsetzlichen Zeremonie teilzunehmen.

Zwei weitere Personen, die davonkamen, waren die Rechtsanwälte Charles Garry und Mark Lane, die zurückgeblieben waren, als Ryan den Lastwagen zur Fahrt nach Port Kaituma bestiegen hatte.

Die beiden Männer, während des Besuches in Jonestown fast unaufhörlich von bitterem Zorn aufeinander erfüllt, verhinderten dennoch gemeinsam, daß Donald Sly dem Kongreßabgeordneten Ryan die Kehle durchschnitt.

Als Mitglied des »Volkstempels« in San Francisco, der sich als eine gewaltlose Sekte bezeichnete, hatte Sly die Gottesdienste dadurch belebt, daß er immer wieder kreischte: »Bringt sie alle um, bringt sie alle um!«

Lane und Garry hatten noch mehr Anlaß, Freunde zu werden, als sie, kurz bevor der Massenmord begann, zu einer Hütte in der Nähe des Mittelpavillons von Jonestown geführt wurden.

Sie berichteten, sie hätten acht Männer mit Schnellfeuerge-

Beschlagnahmte Pässe von Sektenangehörigen *(Wide World Photos)* ▷

PASSPORT
PASSPORT

wehren und zwei weitere bewaffnete Bewacher vor ihrer Hütte gesehen.

»Sie sagten mit lächelnden Gesichtern: ›Wir werden alle sterben‹«, erklärte Lane später vor Reportern in Georgetown. »Sie waren ganz ruhig und glücklich, und ich fragte mich, ob sie nicht unter Drogeneinfluß standen. Ich sagte zu ihnen: ›Wenigstens werden Garry und ich die Geschichte berichten können.‹ Sie umarmten uns und sagten uns Lebewohl.«

Die Anwälte gaben an, sie seien in den Urwald gelaufen. Später tauchten sie in Port Kaituma auf.

Inzwischen stand man vor dem Problem, wie man die fünfhundert oder mehr Bewohner der Kolonie finden könnte, die noch vermißt wurden. Amerikanische Militärsprecher erklärten freilich, so viele könnten nicht im Urwald sein, sonst hätte man Spuren finden müssen.

Aber in Jones' Büro in der Siedlung lagen acht- oder neunhundert amerikanische Pässe. Und Gräber schien es nicht zu geben. Wo waren die Überlebenden?

Die entsetzliche Antwort wurde am Freitag bekannt. Die amerikanischen Soldaten, die auf Drängen der guayanischen Regierung ins Land kamen, um die Leichen nach den Vereinigten Staaten »heimzuholen«, fanden sie am Schauplatz des Massakers höher übereinanderliegend, als man sich das hatte vorstellen können.

Unter den neuentdeckten Opfern waren viele kleine Kinder.

Das Begräbnis derer, die auf dem Flugplatz gestorben waren, hatte schon vorher stattgefunden.

Die Leiche des Kongreßabgeordneten Ryan wurde heim nach San Mateo gebracht. Vierundfünfzig Kongreßkollegen, eine große Anzahl kalifornischer Politiker und viele alte Freunde füllten

Ryans Sarg trifft in San Francisco ein *(San Francisco Chronicle)* ▷

MAC
60202

Die Familie Ryans am Totenauto *(San Francisco Chronicle)*

während des Trauergottesdienstes die katholische All-Souls-Kirche in San Francisco.

Ryans sterbliche Überreste wurden im Golden-Gate-National-Friedhof neben dem Grab von Admiral Chester W. Nimitz bestattet, mit dem Blick auf, wie ein Mitarbeiter sagte, »die Bucht, die er so geliebt hat« – die San Francisco Bay. Und wenn es auch seltsam klingt: Als der Regen aufhörte, der während des Begräbnisses gefallen war, und die Trauernden sich entfernten, erschien ein doppelter Regenbogen.

Die Trauerfeier für Greg Robinson, den siebenundzwanzigjährigen Fotografen vom *San Francisco Examiner,* wurde in der St.-Jude's-Episcopal-Kirche in Burbank, Kalifornien, abgehalten, wo seine Eltern leben und er aufgewachsen war. Die Totenmesse für Bob Brown, den Kameramann von NBC, fand in der St.-Ambrose-Kirche in Hollywood statt, und die Leichenreden auf den NBC-Korrespondenten Don Harris wurden in seiner Heimatstadt Vidalia, Georgia, in der First-Baptist-Kirche gehalten.

In San Francisco waren die verbleibenden Mitglieder des »Volkstempels« im Schockzustand. Etwa vierzig von ihnen versammelten sich in dem geräumigen Tempel am Geary Boulevard zum Thanksgiving-Dinner.

Sie klagten darüber, daß sie bereits drohende Anrufe erhielten, wie: »Habt ihr wieder Kinder umgebracht?« und: »Jedem einzelnen in eurem Haus wird das Hirn weggeblasen.«

Ehemalige Mitglieder des »Volkstempels«, fast alle mit Verwandten, die in Jonestown umgekommen waren, zeigten sich ebenfalls tief erschüttert.

Desgleichen, so schien es, Charles Garry, der dennoch vor die Presse trat und erklärte, er glaube immer noch, Jonestown sei »ein edles und schönes Experiment«.

»Diese großartigen Absichten, die binnen Minuten zerstört wurden«, sagte Garry. »Ich finde in ihrem Untergang einfach keinen Sinn.«

Lane, der Spezialist für Verschwörungen, räumte ein, er habe die ganze Zeit über gewußt, daß etwas Merkwürdiges im Gange sei, es gegenüber Garry aber verschwiegen.

Laut Garry wußte Lane von den Selbstmordplänen, die Jones im Fall einer Katastrophe für die Sekte hatte. Aber nach Lane waren auch verschiedene US-Behörden, darunter das Außenministerium, die CIA und das FBI, über die Selbstmordpläne der Sekte informiert.

Lane und andere hatten Gerüchte gehört, wonach es Pläne gäbe, die gegrillten Käsesandwiches, die Ryan und seinen Begleitern in der »Volkstempel«-Siedlung vorgesetzt wurden, mit Tranquilizern oder anderen Drogen anzureichern.

»Ich nahm Hustenbonbons mit, die viel Zucker enthalten«, sagte Lane. »Ich dachte nicht im Traum daran, die Käsesandwiches zu essen.«

Javers aß eines. Er sagte, er habe die Gerüchte auch gehört, aber weder er noch sonst jemand in der Gruppe der Besucher hatte das Gefühl, unter Drogeneinfluß zu stehen.

Garry war empört. Wenn Lane ihm sein Wissen anvertraut hätte, behauptete Garry, wäre die Katastrophe zu verhindern gewesen, entweder indem man Jones von seinen Plänen abbrachte, oder indem man die guayanischen Behörden alarmierte.

Sowenig wie es den Überlebenden gelang, in dem Massaker einen Sinn zu finden, ebensowenig gelang es den Kommentatoren auf der ganzen Welt. Der *Osservatore Romano*, die Tageszeitung des Vatikans, sprach von »der Sinnlosigkeit eines Pseudo-Mystizismus, der die Sache des Menschen verrät, weil er die Sache Christi verrät«.

Die sowjetische Nachrichtenagentur TASS meldete, man sehe den »Volkstempel« – den Jones als eine sozialistische Kolonie mit Neigungen für die Sowjetunion beschrieben hatte – als »ein Symptom des berüchtigten amerikanischen Way of Life«.

In Paris schrieb *Le Monde*, Jones habe seine Anhänger aus

Shelby Bird (rechts), dessen Tante und Onkel sich in Jonestown befanden, wird am »Volkstempel« in San Francisco von Bischof Paul Miles getröstet *(San Francisco Chronicle)*

den Vereinigten Staaten entfernen und sie isolieren müssen, um seinen Plan ausführen zu können. Aber der größte Teil der Presse äußerte sich weniger freundlich.

Das schweizerische *Journal de Genève* schrieb beispielsweise: »Obwohl sich das entsetzliche Ereignis in Südamerika zugetragen hat, ist es eine Angelegenheit der Vereinigten Staaten. Wellen religiösen Wahns sind offenbar eine Konstante der amerikanischen Geschichte.«

Die Leichen der Sektenmitglieder werden in Georgetown auf den Abtransport in die USA vorbereitet *(dpa)*

»Ist in Kalifornien etwas verborgen, das solchen Wahnsinn hervorbringt?« fragte ein Kolumnist in der Tokioter *Asahi Shimbun.*

Die Kommentare der Presse waren interessant, aber die stärkste Wirkung ging von den Worten jener aus, die den Ereignissen am nächsten gestanden hatten.

»Ich kann beinahe sagen, ich hasse den Mann«, sagte Jones' neunzehnjähriger Sohn Stephan, der dem Tod in Jonestown entging, weil er sich mit der Basketballmannschaft der Kolonie in Georgetown aufhielt. »Er hat nahezu alles zerstört, wofür ich gelebt habe.«

Epilog

Warum?

Von Herb Caen

I

Der Wortschatz des Entsetzens ist beschränkt. Im Fall des Pfarrers Jim Jones und des »Volkstempels« verloren die Worte, die dem Herzen jedes Schlagzeilenverfassers so teuer sind, bald Wirkung und Sinn. Auf »bizarr« und »grotesk« folgten »Alptraum« und »Schock«. Das Unfaßbare wurde nur allzu wirklich, und dem Unaussprechlichen wurde endlich Zunge und Stimme verliehen. Dann kam betäubtes Schweigen, die einzig mögliche Reaktion auf die nach wie vor unbeantwortete Frage: Warum?

Das letzte Kapitel muß erst noch geschrieben werden, wenn es geschrieben werden kann, aber das vorletzte Kapitel entpuppte sich von Redaktionsschluß zu Redaktionsschluß als eine wahrhaft einzigartige »Story«. Journalisten und Soziologen, Professionelle und Amateure sannen vor ihren Schreibmaschinen und sprachen in Mikrofone, bemüht, Vergleiche heranzuziehen. Und scheiterten.

Die Leichenhaufen in der Urwaldstille von Guayana erinnerten manche Beobachter an die tapferen Juden von Masada, die sich lieber in ihrer Festung töteten als sich den römischen Legionen zu ergeben. Der Vergleich ist nicht treffend; die Juden wußten, daß sie ohnehin sterben würden. Die Gespenster von Buchenwald und Auschwitz wurden beschworen, zeigten sich aber nicht; Konzentrationslager waren Teil der offiziellen deutschen Politik, nicht die Laune eines isolierten Führers.

Man sprach über alle möglichen Sekten und ihre Anhänger, in den Zeitungen und bei den unvermeidlichen Talk-Shows, aber von Reverend Moon bis Esalen, vom Kommunismus bis zum Faschismus: Nichts und niemand scheint einen gültigen Hinweis auf das Rätsel von Pfarrer Jim Jones zu liefern. Seine beinahe religiöse und eindeutig mystische Macht – das Böse darin war wohlverborgen – muß irgendwie als ein Hinweis auf das Rätsel der siebziger Jahre gewertet werden. Aber der Sinn bleibt verborgen hinter der Maske persönlicher Motive, ferner fremder Länder und schließlich des Todes.

II

Die »Story«. Ich komme wieder auf diesen Journalistenausdruck zurück, weil Jim Jones seine erste Wirkung auf das Bewußtsein der Öffentlichkeit durch die Zeitungen ausübte und durch sie zu einer umstrittenen Figur wurde, bewundert und umschmeichelt von den einen, geschmäht und verhöhnt von den anderen.

Er benützte die Presse und wurde von ihr benützt. Er schien von der Publizität zugleich fasziniert und abgestoßen und sagte oft: »Schreibt nicht über mich, schreibt über meine Leute und darüber, was sie zu leisten versuchen.« Während seiner Jahre in San Francisco erschien sein Name mit zunehmender Häufigkeit in den Zeitungen, und er begann mit zunehmender Nervosität zu reagieren. Er hatte vor dem grellen Scheinwerferlicht der Öffentlichkeit etwas zu verbergen, aber damals wußte noch keiner, was es war.

In der Anfangszeit des »Volkstempels« sahen ihn die Medien als eine »charismatische Gestalt«, die in der Politik »beträchtlichen Einfluß« besitze. Erst in den dunklen Sterbetagen seiner Herrschaft wurde er zum »Wahnsinnigen« von Guayana. Aus dem gleichen Grund verwandelten sich seine Anhänger in der

Einschätzung der Medien in »Fanatiker«, als sie in Zyankalikrämpfen zusammenbrachen. Bis dahin waren sie »hingabebereite Anhänger« gewesen, vielleicht irregeleitet, aber auf der Suche nach einem besseren Leben und damit des Mitgefühls wert.

Im strahlenden San Francisco der frühen siebziger Jahre tauchte Jim Jones langsam aus der Verborgenheit auf. Es war eine Zeit, in der ein interessanter und extrovertierter Prediger, Pfarrer Cecil Williams, mit seinen sonntäglichen Gottesdiensten in der Glide-Memorial-Kirche von San Francisco im ganzen Land Aufsehen erregte. Cecil Williams liebte das Rampenlicht und verhehlte das nicht. Er zog Berühmtheiten und Hippies an, Rock-Stars und Drogensüchtige, Hell's Angels und Prominente der Gesellschaft, zu Gottesdiensten, die extrem theatralisch waren. Er konnte mit Grund sagen, er biete »die beste Show in der Stadt«, und wenn man an einem Sonntagvormittag in seiner Kirche einen Platz bekommen wollte, mußte man früh da sein.

Jim Jones erschien als erfrischender Gegensatz zu Cecil Williams und seiner »Let's boogie!«-Einstellung zum Ökumenischen. Nichtsdestoweniger erregte auch Jim, wie er von allen Leuten fast auf der Stelle genannt werden wollte, Aufsehen, freilich auf eine andere Art.

Ich hörte 1972 zum erstenmal von ihm, als ich in meiner Kolumne im *San Francisco Chronicle* eine kleine Meldung über einen Blumenbinder brachte, der für einen in Not geratenen Menschen etwas Gutes getan hatte. Am nächsten Tag erhielt ich einen Scheck über eintausend Dollar, ausgestellt auf den Blumenbinder, nebst einem Brief von Jim Jones. Er schrieb: »Im ›Volkstempel‹ freuen wir uns, von denen zu hören, die ihren Mitmenschen helfen, ohne an Entschädigung oder Belohnung zu denken. Wenn wir von solchen Taten der Güte erfahren, sind wir froh darüber, daß in einer Welt, die in so vieler Hinsicht böse ist, die Güte lebt. Bitte, übergeben Sie dem Blumenbinder den Scheck mit unserem Dank. Wir werden weiterhin

Ihre Kolumne verfolgen, wie die Zeitung im allgemeinen, um andere Beispiele von Taten zu finden, die Unterstützung von seiten des ›Volkstempels‹ verdienen.«

Der Blumenbinder, ein junger Mann, der knapp bei Kasse war, löste den Scheck ohne große Hoffnung ein, daß er gedeckt sei. Als das aber der Fall war, wurde ihm vor Freude schwindlig – und er war verwirrt. Auch ich war verwirrt und fasziniert. Ich entdeckte den »Volkstempel« in einem ehemaligen Freimaurertempel am Geary Boulevard, zwischen dem Fillmore-Saal, wo die Rock-Szene in San Francisco ihren Anfang genommen hatte, und einem Kentucky-Fried-Chicken-Lokal. In der Umgebung wohnten hauptsächlich Farbige. Ich fragte bei den farbigen Kommunalpolitikern herum und erfuhr, Jim Jones sei »ein großartiger Mann, ein echter Führer, ein Mann, an den die Menschen im Getto glauben können. Er wird in dieser Stadt eine echte Kraft werden. Sie sollten sich die Zeit nehmen, ihn kennenzulernen«.

III

Jim Jones war bereit, sich mit mir zum Mittagessen zu treffen, unter der Bedingung, daß ich kein Interview mit ihm machen und ihn nicht zitieren, sondern über die Ziele seiner Gruppe schreiben würde. Für mich war er eine ziemlich anziehende, rätselhafte Persönlichkeit, scheu und mit leiser Stimme sprechend, wortreich nur bei dem Thema: »Denen helfen, die sich nicht selbst helfen können«. Er schien seinem Aussehen nach wirklich indianischer Abstammung zu sein, wie er behauptete, und trug eine schwarze, beinahe asketische »Uniform« – eine Art Mao-Jacke mit dazu passender Hose. Er lächelte selten, und ein Sinn für Humor war bei ihm nicht zu erkennen. Während der beiden Mittagessen, zu denen wir uns trafen, wurde er von einem mageren, eifrigen jungen Mann namens Mike Prokes begleitet, einem Mitarbeiter, der praktisch als Pressesekretär tätig war und »Jim« zu verehren schien.

Der »Volkstempel« war keine Story, die gut in meine mehr anekdotische Kolumne gepaßt hätte, aber ich schrieb zweimal kurz darüber, so über den ungewöhnlichen Scheck von tausend Dollar an den Blumenbinder, was den »Volkstempel« in einem günstigen Licht erschienen ließ. Die Reaktion war, gelinde gesagt, ärgerlich. Dutzende von Briefen erreichten den *Chronicle,* lobten mich für meine Güte und priesen Jones. Die Briefe waren fast identisch, in Handschriften von schön bis beinahe analphabetisch. Offenkundig waren sie von Jim Jones veranlaßt worden, ihr Inhalt diktiert. Ich ging auf Distanz zum »Volkstempel«, um die weitere Entwicklung abzuwarten.

Sie ließ nicht lange auf sich warten. Ungeachtet ihrer Vielfalt ist San Francisco eine vergleichsweise kleine Stadt, und jeder, der einen festen Block von Wahlstimmen liefern kann – sagen wir: 2000, genug, um eine Wahl zu entscheiden –, wird mit Gewißheit von den Politikern umworben. Liberale und »Progressive« aller Schattierungen kampierten an Jim Jones' Schwelle und biederten sich bei seinen Anhängern an. Bürgermeister George Moscone vereinnahmte Jones für sich, indem er ihn in die Wohnungsbaubehörde berief. Er wurde rasch akzeptiert, selbst von jenen konservativen Politikern im Rathaus, die jetzt das Verdammungsurteil über »die leichtgläubigen Liberalen« fällen, »die Mitschuld an dieser Tragödie tragen«.

Als Jones aus dem Schatten trat, folgten ihm seine Gegner. Abtrünnige und Verleumder begannen Behauptungen zu verbreiten, die ihn nicht als den Menschenfreund erscheinen ließen, als der er wirkte, sondern als einen harten Vorgesetzten, einen grausamen Menschen, einen nicht ungefährlichen Lügner und Betrüger. Jones bestritt die Anschuldigungen. Mike Prokes brandmarkte die Angriffe als »unanständig, das Werk kleiner und schwachsinniger Geister«. Der Bürgermeister und seine politischen Gönner weigerten sich, die Anwürfe gegen Jones zu glauben. »Jim Jones ist ein guter Mensch«, erklärte mir einer. »Solange seine Kritiker nicht mit konkreten Beweisen aufwarten können – einem ›rauchenden Revolver‹ –, bleiben wir bei unserer Überzeugung.«

Nichtsdestoweniger begann sich die Aura von Jim Jones rasch zu verändern, und zwar zum Schlechteren. Als die Gerüchte lauter wurden, traten manche Politiker den Rückzug an. Marshall Kilduff untersuchte die Behauptungen der Abtrünnnigen und glaubte ihnen. Jones und Mike Prokes leugneten mit immer größerer Heftigkeit. Dann schrieben Kilduff und Phill Tracy für das Magazin *New West* einen Artikel über den »Volkstempel«, und die Welt von Jim Jones begann einzustürzen.

Statt die Anschuldigungen zurückzuweisen, statt donnernd zu leugnen, trat er den Rückzug an. Obwohl damals erst wenige Leute davon wußten, bereiteten er und seine Anhänger sich darauf vor, San Francisco zu verlassen und sich nach Guayana zurückzuziehen. Dort würde er willkommen, in Sicherheit und frei von Kritik sein. Dort würde er die vollkommene Gesellschaft schaffen. Die Regierung von Guayana nahm ihn mit offenen Armen auf. Einige der prominentesten Figuren der amerikanischen Politik hatten bereits Briefe geschrieben, die Jim Jones lobten. Die Frau eines Präsidenten und Senatoren der Vereinigten Staaten konnten sich doch wohl nicht irren.

Ich empfand seinen Entschluß, das Land zu verlassen, als absolut unbegreiflich. Etwa um diese Zeit stieß ich auf eine seltsame Geschichte, wonach Jim Jones mit der von ihrem Mann getrennt lebenden Frau eines »Volkstempel«-Mitglieds einen Sohn gezeugt habe. Es war eine ziemlich skandalöse, aber ausreichend belegte Geschichte, die für die künftige Entwicklung bedeutsam werden sollte. Sooft ich den Anwalt des »Volkstempels«, Charles Garry, fragte, weshalb Jones nicht zurück-

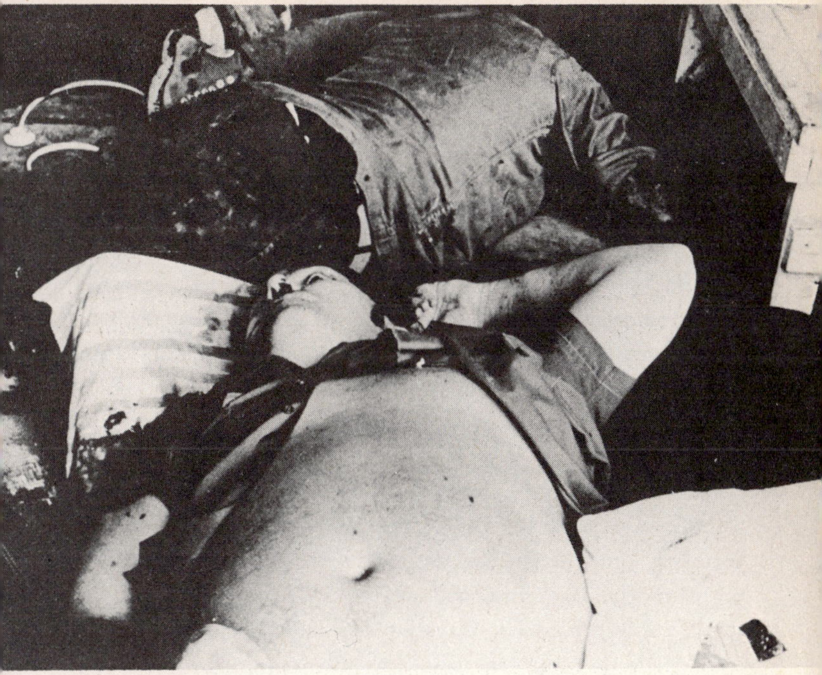

Die Leiche von Pfarrer Jim Jones *(UPI)*

kehre, um auf die Angriffe seiner Kritiker zu antworten, versicherte mir Garry: »Er liebt den kleinen Jungen zu sehr. Können Sie seine mißliche Lage nicht begreifen? Er fürchtet, wenn er zurückkommt, verliert er das Sorgerecht für den Kleinen an die Mutter und ihren Mann, die beide Todfeinde von ihm sind. Ich habe ihm geraten zu bleiben, wo er ist, bis die Sache geregelt ist.«

IV

Die »Erklärung« klang lächerlich. Wenn er mit seinen Anhängern in Guayana blieb, bestätigte er nur das Schlimmste, was über ihn gesagt und geschrieben wurde. Nun wurde er offen als Größenwahnsinniger bezeichnet, als möglicher Mörder. Seine Gönner, vor allem jene Politiker, die von seinem Einfluß profitiert hatten, erklärten weiterhin: »Jim wird zurückkommen und das alles aufklären.« (Klartext: »Wir können uns in ihm einfach nicht getäuscht haben.«) Garry sagte weiterhin ruhig: »Er wird zurückkommen, wenn ich es ihm sage.« Das alles ergab keinen Sinn. Ich schrieb deshalb an Jim Jones in Jonestown und fragte ihn, warum er im Exil bleibe, wenn sein Name beschmutzt werde.

Am 3. April 1978 antwortete er mit einem langen, merkwürdig beredsamen Brief: »Ich fühlte und fühle immer noch, daß es notwendig ist, mein Kind davor zu bewahren, von Menschen, die kein wirkliches Interesse an ihm haben, als Werkzeug benutzt zu werden.« (Er erwähnte auch seine Furcht, daß der »Volkstempel« sein Steuerprivileg verlieren könnte, weil er unehelich ein Kind gezeugt habe, »etwas, das gegen den Glauben der Jünger verstößt«, womit er seine Anhänger meinte.)

»Mein ganzes Leben lang«, schrieb er weiter, »habe ich die Qual der Armut ertragen und viele Enttäuschungen und großen Kummer erduldet, wie es das Los der Menschheit ist. Aus diesem Grund versuche ich andere glücklich und sicher zu machen. So viele, die leiden, sind nicht glücklich, wenn sie nicht auch andere leiden sehen. Vielleicht ist das der Grund, warum ich mich so bemüht habe, das auszugleichen und diese Gesellschaft zu einer frohen zu machen, die das Leben feiert.«

Als ich erwiderte, er sei der Frage ausgewichen, warum er nicht nach San Francisco zurückkehre, schrieb er, sein Platz sei bei seinen Leuten, den letzten seiner Anhänger. »Viele Jahre hindurch«, schrieb er, »habe ich nur durch die Überzeugung gelebt, daß ich gebraucht werde, weil mir vor langer Zeit klargeworden ist, was für ein grausamer Schwindel das Leben ist, wie falsch Illusionen sind, wie ungerecht. Selbst hier in Guayana, einem Land von großer Schönheit und ungeheuren Möglichkeiten, bin ich nicht ›glücklich‹. Es ist eine zu große Verantwortung, das Oberhaupt dieser sozialistischen Gesellschaft zu sein. Aber selbst wenn ich diese Last nicht auf den Schultern trüge, bezweifelte ich, daß ich je glücklich sein könnte in dem Wissen, daß zwei Drittel der Kinder auf der Welt keine andere Zukunft haben als die Aussicht auf ein Leben ›übel, seelenlos und kurz‹. – Ich glaube, ich werde immer mit der Schuld leben müssen, daß dieses Muster einer sozialistischen Gesellschaft in den Vereinigten Staaten hätte errichtet werden sollen. Vielleicht, wenn ich mich anders verständlich gemacht hätte, wäre es mir gelungen, die Lügner bloßzustellen, die so gefühllos zu zerstören versucht haben, was für viele Menschen die einzige Chance gewesen ist, aus ihrem Leben etwas zu machen ... Viele der jungen Leute, die hierher in den Urwald kamen, waren ihrer Umwelt entfremdet, zornig und enttäuscht. Sie waren der Heuchler überdrüssig, die die ›Menschenrechte‹ beweinten, während sie sie zu Grabe trugen ... Die Gesellschaft, die wir in Guayana aufbauen, gibt den Menschen, die in den Städten Amerikas wie Abfall behandelt wurden, ein neues Gefühl des Stolzes, des Selbstwerts und der Würde.«

Auf den ersten Blick sind dies gewiß nicht die Worte eines Irren kurz vor einer Götterdämmerung. Nichts, was den Kongreßabgeordneten Leo Ryan und seine Begleiter darauf hätte hinweisen können, daß sie möglicherweise in eine tödliche Falle liefen. Vielleicht gab es einen greifbareren Hinweis auf die totale Katastrophe in dem letzten Brief, den ich von Mike Prokes erhielt.

Unter dem Briefkopf der Landwirtschaftlichen Mission des

»Volkstempels«, Jonestown, Guayana, heißt es dort unter anderem:

»Sie werden nie zerstören, was wir haben, weil wir schon vor langer Zeit den Entschluß gefaßt haben, daß sie es mit uns allen werden aufnehmen müssen, wenn sie auf einen von uns losgehen. Martin Luther King hat es vielleicht am besten ausgedrückt: ›Ein Mensch, der nichts gefunden hat, wofür der Tod sich lohnt, hat das Leben nicht verdient.‹ Nun, wir haben etwas gefunden, wofür der Tod sich lohnt, und es heißt . . . soziale Gerechtigkeit. Es spielt also keine Rolle, was sie mit uns machen oder wie wir am Ende dargestellt werden. Wir werden wenigstens die Befriedigung haben, diesen Grundsatz gelebt zu haben, nicht, weil er Erfolg oder Belohnung versprach, sondern einfach, weil er das Richtige war – die höchste Art zu leben, die wir kannten.«

V

Mike Prokes schrieb bereits in der Vergangenheitsform. Wenn ich seinen Brief noch einmal lese, sehe ich im Rückblick, daß er durchaus imstande war, sich für Jim Jones umzubringen – oder sogar für Jim Jones zu töten. Hier war der schöne Wahnsinn, der leuchtende Idealismus so vieler Menschen, die im Lauf der Geschichte versucht haben, das Leben so zu verändern, daß es stärker ihrer Vision entsprach, mag sie von anderen geteilt worden sein oder nicht.

Und so kam die große Welt zu Jim Jones in den Urwald. Sie erschien in vertrauter Gestalt – die Medien auf der Spur der »Story«, die jetzt ihren Platz in der Geschichte einnehmen wird. Selbst gegen das Ende zu erkannte die Presse nicht, worauf sie sich einließ. Der beste Beweis dafür läßt sich vielleicht in den Worten Charles Krauses von der *Washington Post* finden, der bei dem Massaker am Flugplatz selbst verletzt wurde: »Was als eine verrückte Geschichte um einen Kongreßabgeordneten begonnen hatte, der eine ausgeflippte religiöse Kommune in Guayana unter die Lupe nehmen wollte, war nicht länger verrückt.«

»Verrückt«, »ausgeflippt« – die typische Ausdrucksweise für das Medien-»Ereignis«, das so unbeschwert begonnen hatte und in der unfaßbaren Groteske des Massenselbstmords durch Kool-Aid, vergiftet mit Zyankali, endete: das Sommergetränk und der Wintertod, befohlen von Jones, dem »Kaiser des Dschungels«.

In Eugene O'Neills großem Theaterstück wird Kaiser Jones das Opfer seiner – und der Menschheit – Urängste. Auch Jim Jones und seine Anhänger starben, weil sie ihren Ängsten entfliehen wollten. Sie starben ohne ein Wort, das der Katastrophe einen Sinn verleihen könnte.

So sind sie vergeblich gestorben, und das ist die eigentliche Tragödie.

San Francisco
25. November 1978